Martin Nyenstad

Julius der Troll auf den Spuren der Geschichte:
Male, Lerne und entdecke die Welt der Völker

Julius der Troll auf den Spuren der Geschichte:
Male, Lerne und entdecke die Welt der Völker

Copyright © 2024 Martin Nyenstad

Alle Rechte vorbehalten

ISBN: 979-8-3420-2444-0

Einleitung

Hey, ich bin Julius, der Troll! Bock auf 'ne Reise durch die Geschichte? Ich zeig euch einige Völker, die die Welt aufgemischt haben – von Steinzeit-Leuten bis zu den schlauen Chinesen, die das Papier erfunden haben.

Schnappt euch das Buch, malt die Bilder, wie ihr wollt – knallbunt, verrückt oder einfach anders. Eure Fantasie, eure Regeln!

Startklar? Los geht's in die Steinzeit, wo's noch kein Handy gab. Viel Spaß beim Entdecken!

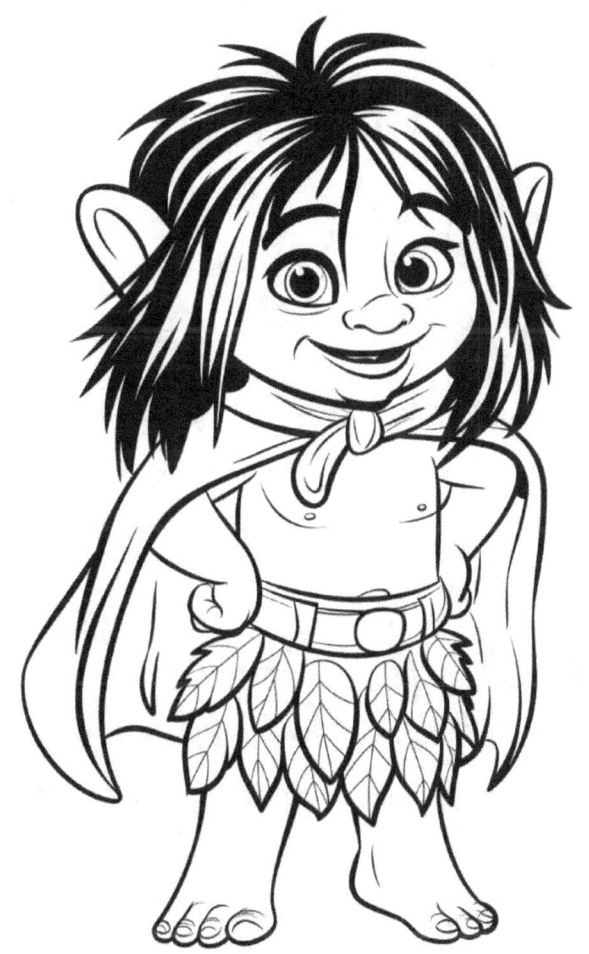

Kapitel 1: Die Steinzeitmenschen

Stellt euch vor, wir sind vor 10.000 Jahren in der Steinzeit! Die Leute damals lebten in Höhlen oder einfachen Hütten aus Holz und Tierhäuten. Sie waren coole Jäger und Sammler. Sie jagten Tiere für ihr Fleisch und sammelten leckere Pflanzen.

Die Steinzeitmenschen hatten coole Werkzeuge! Sie machten scharfe Messer und Speere aus Stein, um Fische zu fangen und Tiere zu jagen. Und das Feuer? Das war super wichtig! Damit konnten sie sich warmhalten, ihr Essen kochen und sich vor wilden Tieren schützen.

Wusstet ihr, dass sie auch Künstler waren? Sie malten bunte Bilder an die Wände ihrer Höhlen! Da waren Tiere und manchmal sogar Tänze. Die Bilder waren echt wichtig für sie.

Die Steinzeitmenschen lebten in kleinen Gruppen, den „Stämmen". Alle halfen mit: Die Männer jagten, und die Frauen sammelten und kümmerten sich um die Kinder. Gemeinsam waren sie stark!

Die Steinzeit war aufregend und lehrreich! Die Menschen lernten, mit der Natur zu leben. Jetzt sind wir bereit für unser nächstes Abenteuer mit den Sumerern, den ersten Schriftstellern der Geschichte!

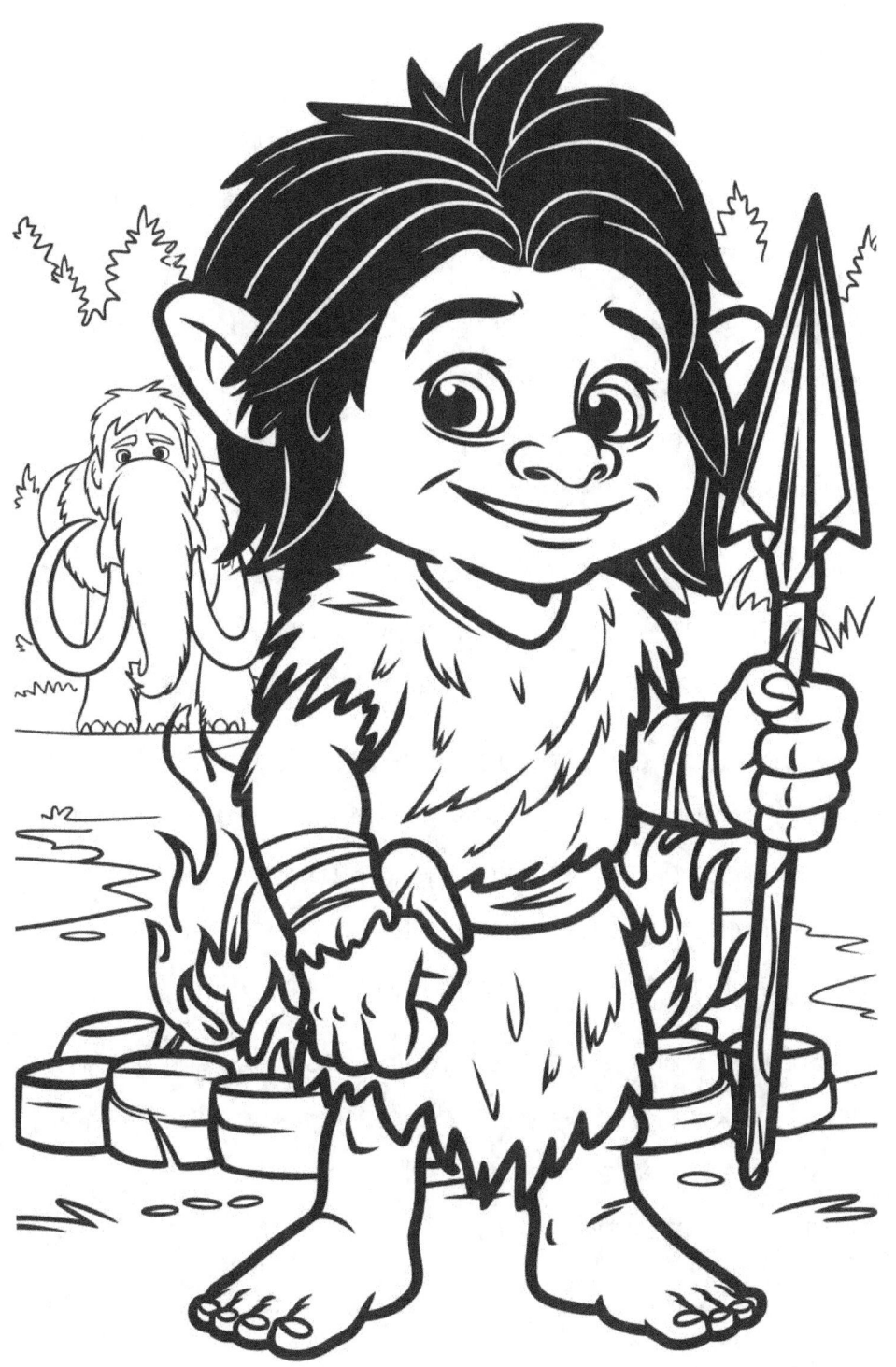

Kapitel 2: Die Sumerer

Hey Leute! Jetzt geht's in die coole Zeit der Sumerer! Die lebten vor über 5.000 Jahren zwischen den Flüssen Tigris und Euphrat, wo heute Irak ist.

Die Sumerer waren echte Genies! Sie haben die Keilschrift erfunden, mit der sie auf Tonplatten schreiben konnten. Stellt euch vor, sie ritten mit einem spitzen Werkzeug in weichen Ton und hielten ihre Geschichten fest.

In ihren Städten gab es hohe Mauern und große Zikkurats. Das sind Tempel, die wie riesige Treppen aussahen. Die Sumerer glaubten an viele Götter und feierten dort große Feste.

Sie waren auch echt einfallsreich! Sie erfanden die Landwirtschaft, also das Anbauen von Pflanzen und das Halten von Tieren. So hatten sie immer genug zu essen. Und dann haben sie auch das Rad erfunden! Das machte es super einfach, Sachen zu transportieren und viel zu handeln.

Die Sumerer waren zudem tolle Mathe-Asse und schauten in die Sterne. Sie konnten einen Kalender machen, um die Jahreszeiten zu bestimmen. Deshalb haben wir heute 60 Minuten in einer Stunde!

Die Sumerer waren echt beeindruckend und haben viele coole Sachen erfunden.

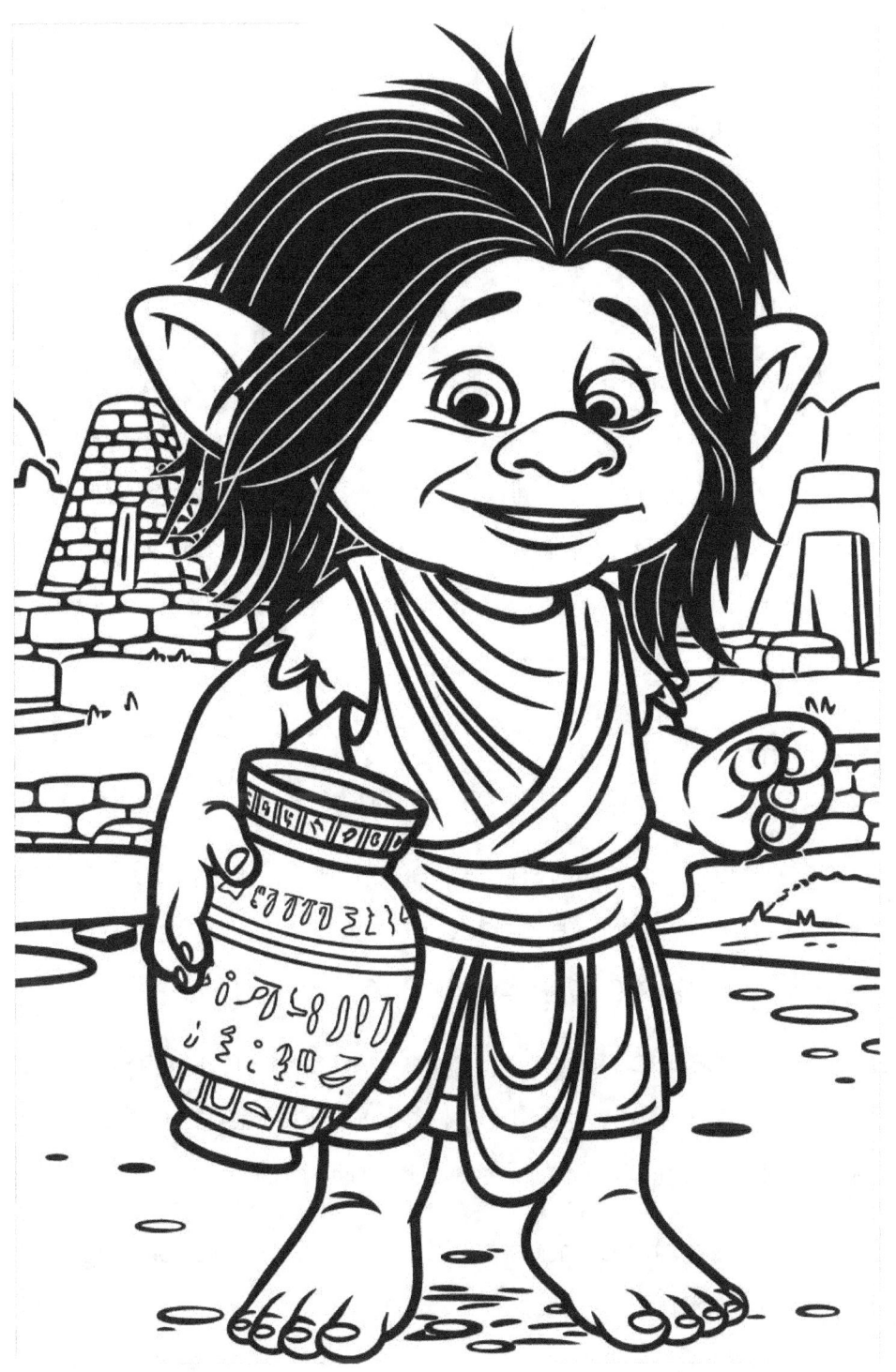

Kapitel 3: Die Ägypter

Hey, Freunde! Tauchen wir ab in die spannende Welt der Ägypter! Vor über 5.000 Jahren lebten sie am großen Fluss Nil. Der Nil war mega wichtig, weil er fruchtbaren Boden brachte. Ohne ihn wäre das Leben in Ägypten ganz schön hart gewesen!

Die Ägypter bauten riesige Pyramiden! Stellt euch vor, große Steine stapelten sich zu riesigen Treppen in den Himmel! Die bekannteste Pyramide ist die von Gizeh, das Grab des Pharao Cheops. Die Ägypter glaubten, dass die Pharaonen nach dem Tod in eine andere Welt reisen, also mussten sie gut beerdigt werden – mit vielen Schätzen!

Sie hatten viele Götter, wie Ra, den Sonnengott. Die Ägypter beteten in Tempeln und brachten ihren Göttern Geschenke.

Eine coole Erfindung waren die Hieroglyphen – das ist Schrift mit Bildern! Sie schrieben Geschichten auf Wände und Papyrus. Diese Bilder sind wie spannende Rätsel.

Im Alltag arbeiteten viele als Bauern und pflanzten Getreide und Gemüse an. Andere waren Handwerker und machten schöne Dinge. Die Ägypter liebten Feste mit Musik und Tanz!

Die Pyramiden stehen noch heute und zeigen, wie großartig die Ägypter waren.

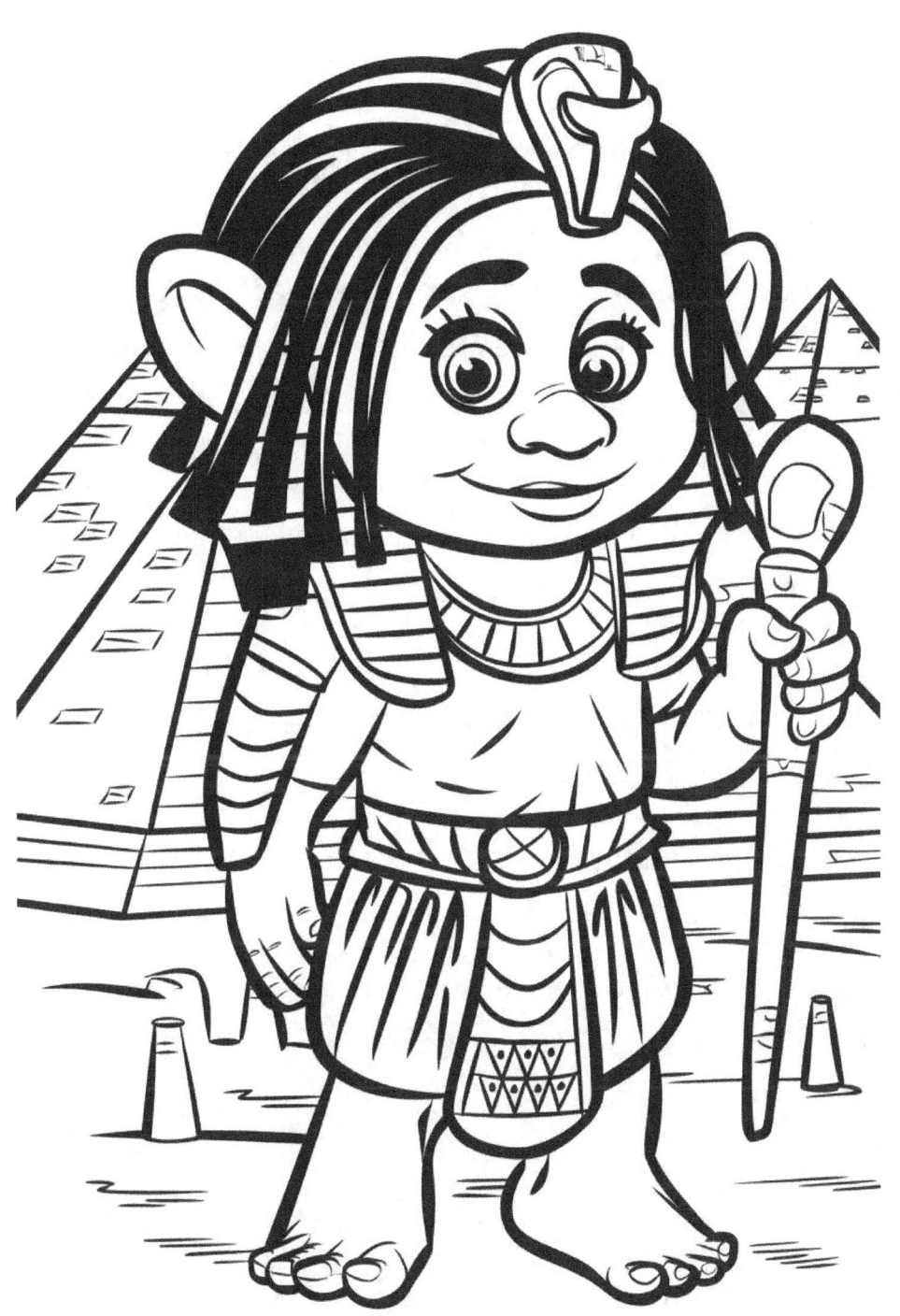

Kapitel 4: Die Minoer

Reisen wir weiter nach Kreta, wo die Minoer lebten – das waren echt coole Leute vor 4.000 Jahren! Stellt euch glitzerndes Wasser und riesige Paläste vor.

Der größte Palast war Knossos. Er war so groß und verwinkelt, dass man sich leicht verlaufen konnte! An den Wänden hingen bunte Bilder von Tänzen und Tieren. Die Minoer hatten viel Spaß!

Sie waren super Handwerker und machten schicke Töpferwaren und Schmuck. Außerdem waren sie tolle Seefahrer und segelten mit ihren Schiffen zu anderen Inseln.

Die Minoer schrieben mit einer geheimnisvollen Schrift, die wir nicht lesen können. Sie feierten Feste mit viel Musik und einem spannenden Stierkampf-Tanz!

Leider ging ihre Kultur irgendwann verloren, wahrscheinlich durch Naturkatastrophen oder Angriffe.

Stellt euch vor, wie die Minoer in ihren bunten Palästen leben und fröhlich über das Wasser segeln.

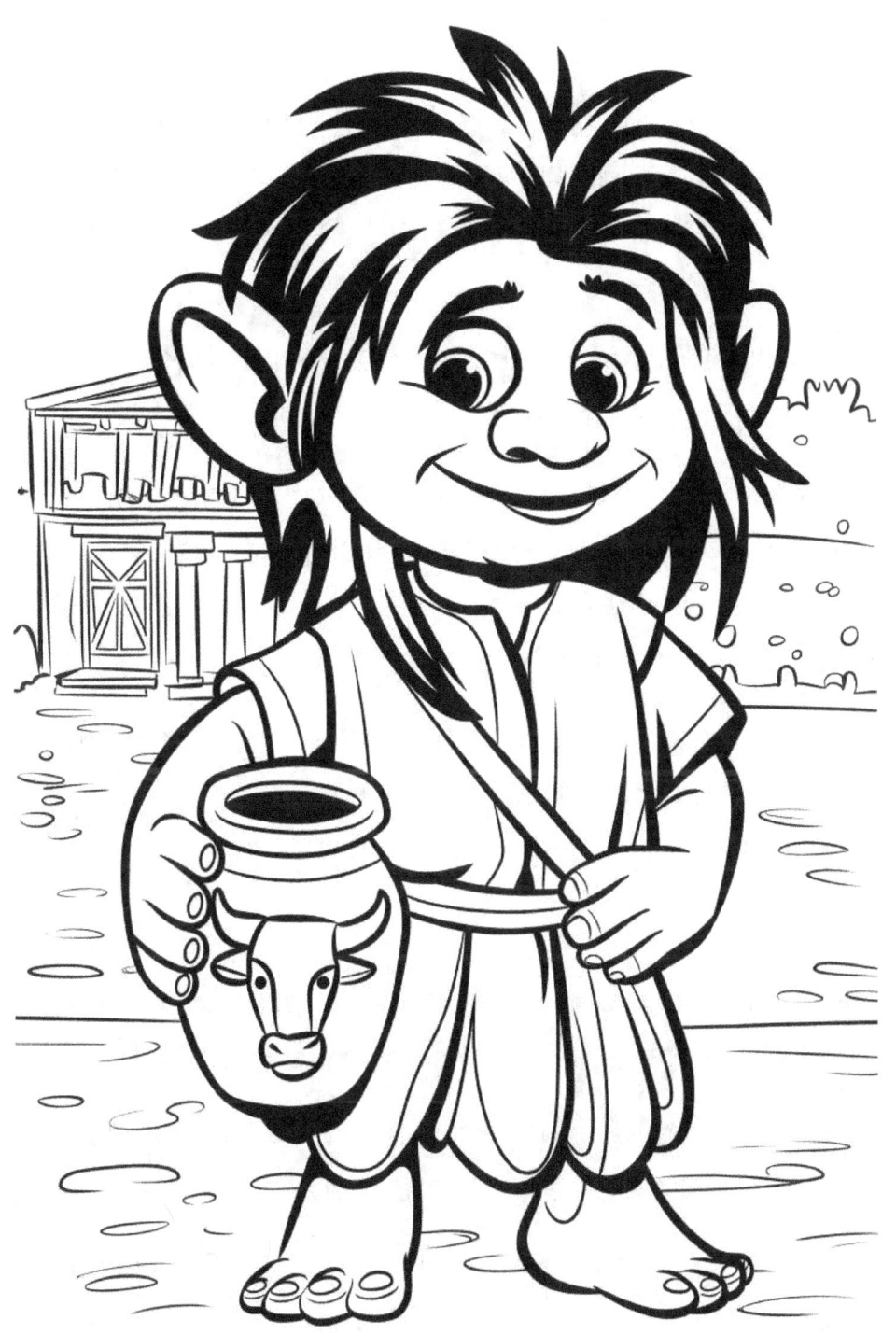

Kapitel 5: Die Mykener

Jetzt geht's ins alte Griechenland zu den Mykenern! Diese coolen Krieger lebten vor über 3.000 Jahren und hatten starke Burgen auf hohen Hügeln. Stellt euch vor, dicke Mauern und tolle Feste in prächtigen Palästen!

Der berühmteste Palast war in Mykene. Dort lebten Könige und Königinnen, und es gab viele schöne Kunstwerke.

Die Mykener waren echte Kämpfer! Sie trugen Rüstungen, hatten Schilde und Speere und erzählten spannende Geschichten über Helden wie Achilles und Odysseus. Die „Ilias" erzählt vom berühmten Trojanischen Krieg.

Außerdem waren die Mykener tolle Seefahrer und handelten mit anderen Völkern. So lernten sie viele neue Sachen.

Sie schrieben mit einer coolen Schrift namens „Linear B". Damit hielten sie wichtige Infos auf Tontafeln fest.

Die Mykener glaubten an viele Götter wie Zeus, den Himmel-Gott. Sie feierten große Feste und bauten Tempel für ihre Götter.

Irgendwann ging es den Mykenern nicht mehr so gut, und ihre Zivilisation zerfiel. Aber sie hinterließen eine spannende Kultur!

Jetzt stellen wir uns vor, wie die Mykener in ihren Burgen leben und ihre Geschichten erzählen!

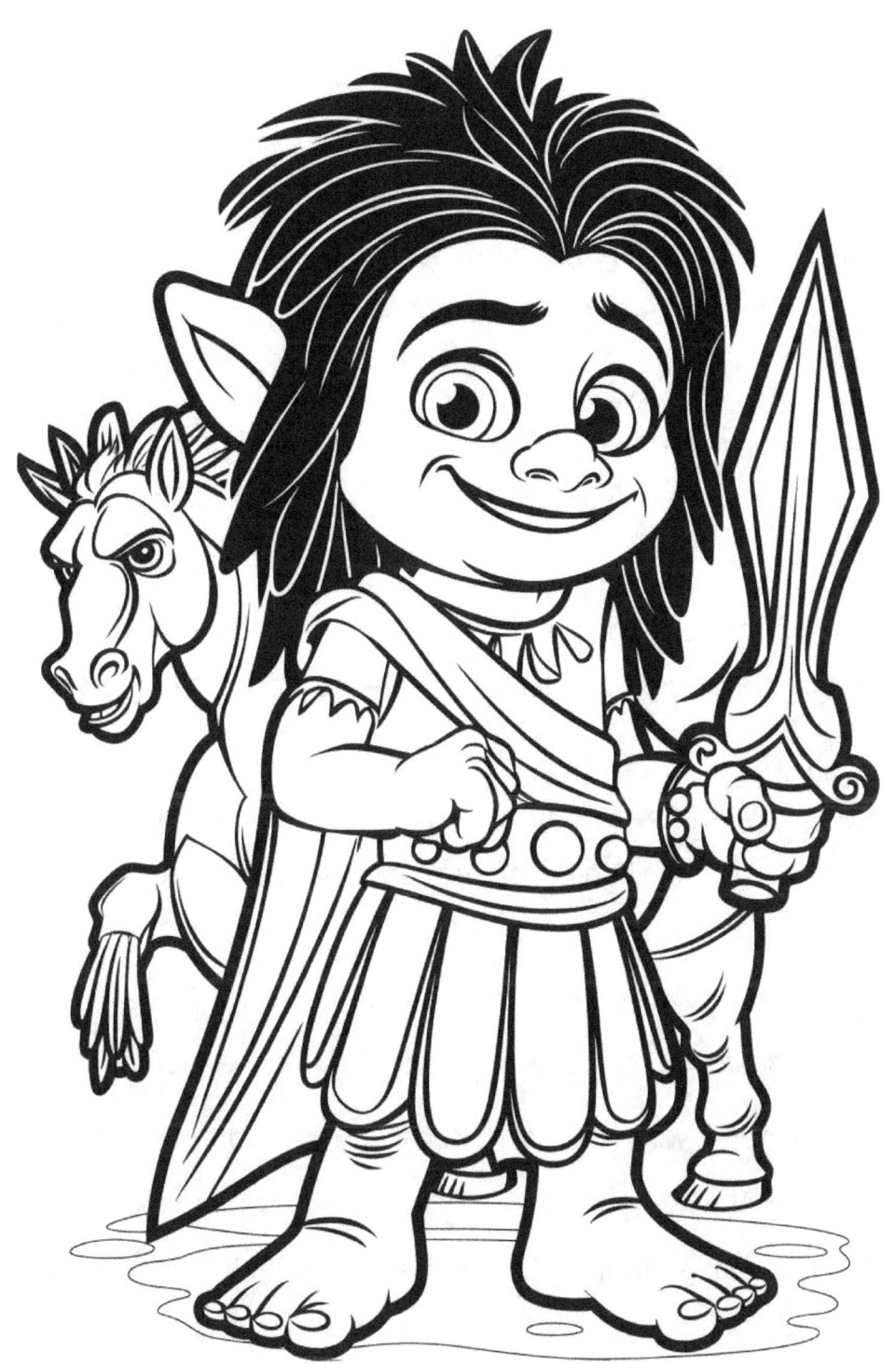

Kapitel 6: Die Phönizier

Ab geht's zu den coolen Phönizier, die vor über 3.000 Jahren am Mittelmeer lebten. Stellt euch vor, wir stehen am Strand und sehen ihre Schiffe, die mit tollen Sachen vollgepackt sind! Die Phönizier waren super Seefahrer und Händler.

Sie bauten schnelle Schiffe und segelten weit über das Wasser. Sie brachten Zedernholz, teuren Purpurfarbstoff und Glas zurück. Der Purpur war so teuer, dass nur reiche Leute ihn tragen konnten!

Die Phönizier erfanden auch ein einfaches Alphabet mit 22 Buchstaben. Damit konnten viele Menschen lesen und schreiben – mega cool!

Sie gründeten viele Kolonien, wie Karthago, das eine wichtige Stadt wurde. Die Phönizier waren echte Geschäftsleute und machten den Handel spannend!

Sie hatten viele Götter, wie Baal, den Regen-Gott, und Astarte, die Göttin der Liebe. Sie feierten coole Feste für ihre Götter.

Die Phönizier waren auch tolle Künstler und machten hübsche Töpferwaren und Schmuck.

Auch wenn ihre Städte später erobert wurden, bleibt ihr Einfluss in der Sprache und im Handel lebendig.

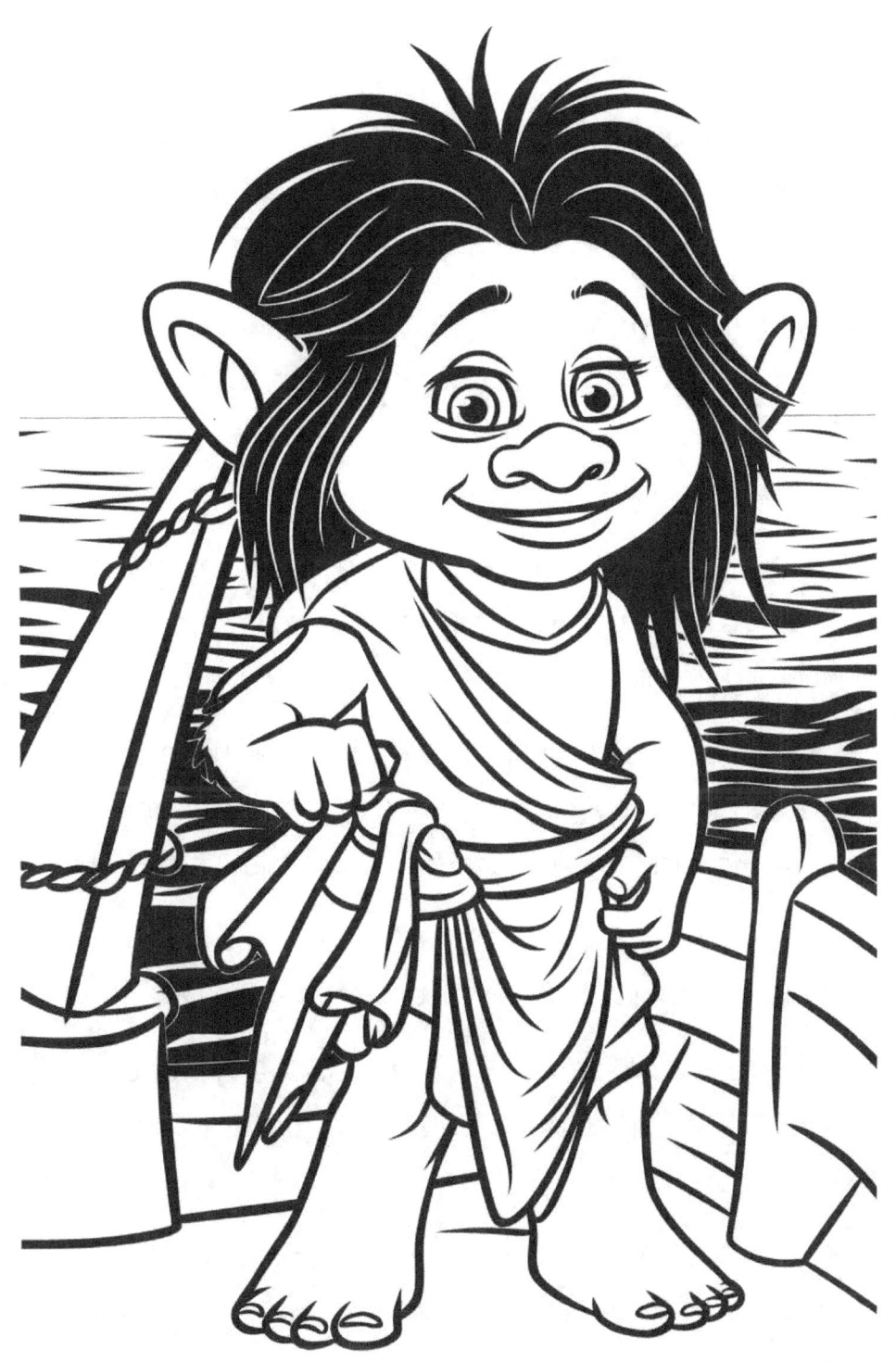

Kapitel 7: Die Römer

Wir reisen weiter zu den Römern, die vor über 2.000 Jahren lebten! Stellt euch das alte Rom vor: große Gebäude, riesige Tempel und viele Menschen auf den Straßen!

Die Römer waren Meister im Bauen! Sie schufen das Kolosseum, wo starke Gladiatoren kämpften und das Publikum jubelte. Außerdem bauten sie geniale Aquädukte, die frisches Wasser in die Städte brachten.

Die römische Armee war super stark! Sie eroberten viele Länder und hatten ein riesiges Reich. Ihre Straßen waren der Hit für Handel und Abenteuer!

Die Römer liebten Bücher und schrieben viel. Sie hatten kluge Köpfe wie Cicero und Vergil. In Rom gab es reiche Patrizier und einfache Plebejer, die um mehr Rechte kämpften.

Die Römer glaubten an viele Götter, wie Jupiter, den coolsten Gott. Sie feierten große Feste und bauten tolle Tempel.

Aber es gab auch Probleme, wie Kämpfe und Angriffe von anderen Völkern. Irgendwann, im Jahr 476 n. Chr., fiel das Weströmische Reich.

Die Römer hinterließen viele coole Sachen, die wir heute noch bewundern! Jetzt stellt euch vor, wie die Römer ihre Feste feiern und durch die Straßen ziehen.

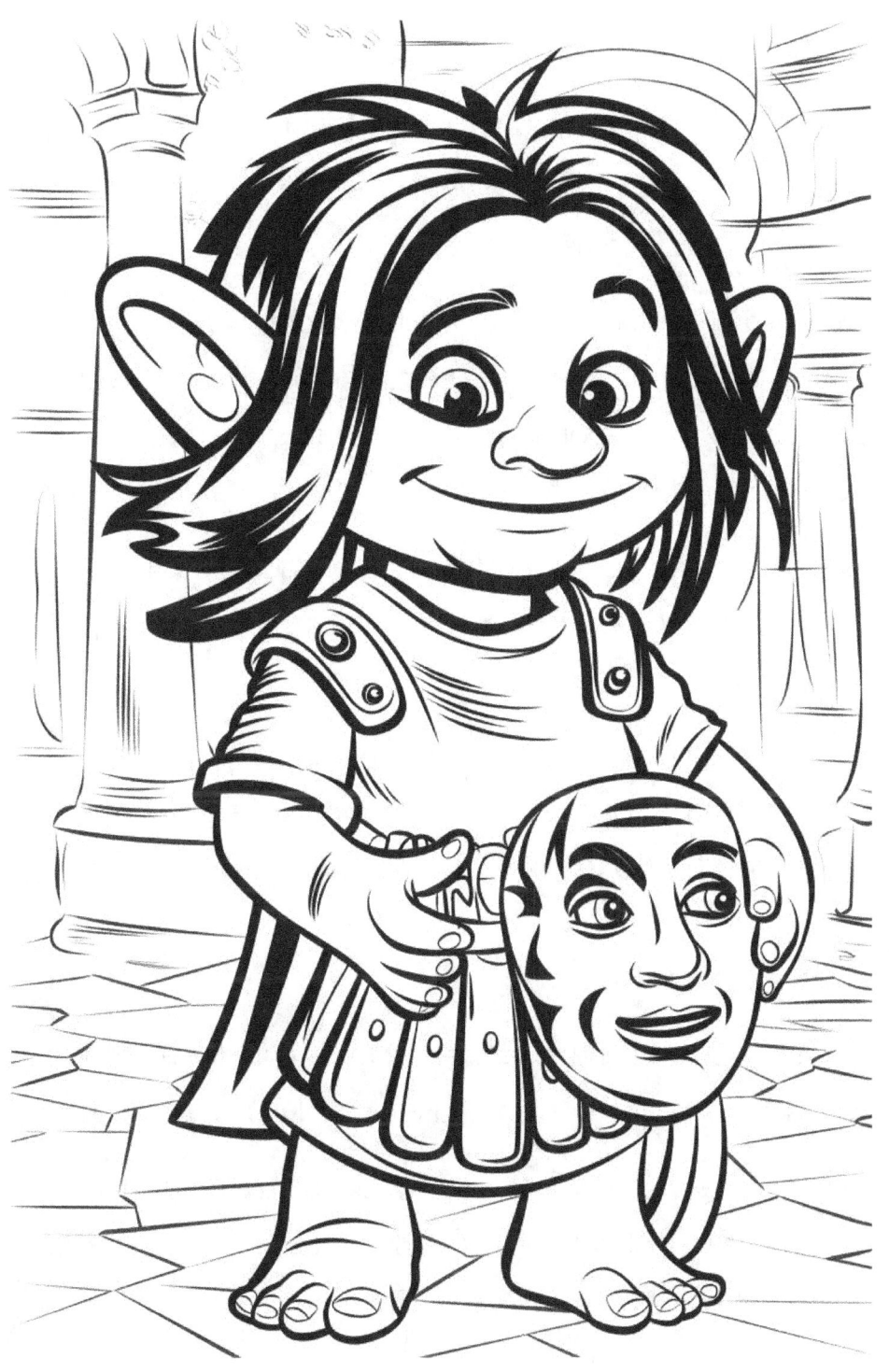

Kapitel 8: Die Griechen

Hey, Leute! Jetzt reisen wir zu den coolen alten Griechen. Stellt euch vor, wir sind in Athen, wo alle über Freiheit und Gerechtigkeit quatschen.

Die Griechen hatten kluge Köpfe wie Sokrates, Platon und Aristoteles. Sokrates stellte die besten Fragen, Platon dachte über die perfekte Stadt nach, und Aristoteles wusste über alles Bescheid. Ihre Ideen sind bis heute wichtig!

In Athen durften die Männer (aber keine Frauen) abstimmen, was in ihrer Stadt passierte. Sie trafen sich auf dem Marktplatz, der Agora, und redeten viel.

Die Griechen waren auch richtig gute Künstler! Sie machten coole Statuen und führten lustige Theaterstücke über Götter und Helden auf. Ihre Götter, wie Zeus und Athena, waren super wichtig. Die Olympischen Spiele waren das größte Fest, wo Sportler um Ruhm kämpften.

Homer erzählte spannende Geschichten wie die Ilias und die Odyssee. Diese Geschichten sind voll mit Mut und Freundschaft!

Die Griechen waren toll, aber sie hatten auch Kämpfe. Trotzdem leben ihre Ideen über Kunst, Wissenschaft und Demokratie bis heute weiter.

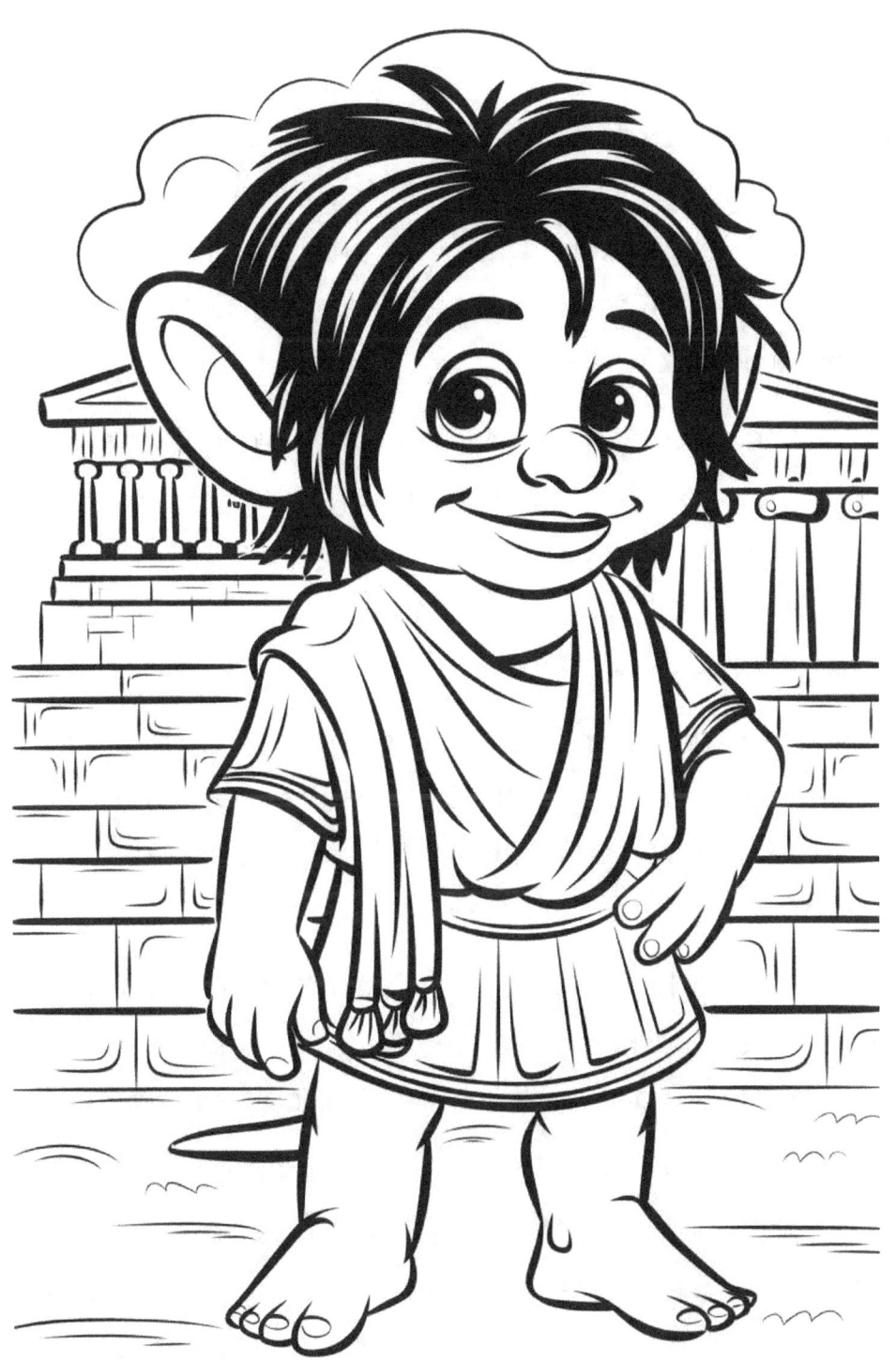

Kapitel 9: Die Kelten

Weiter geht es zu den coolen Kelten, die vor vielen Jahrhunderten in Europa lebten. Stellt euch vor, wir sind in einem grünen Land mit Hügeln, Bäumen und viel Natur. Die Kelten waren berühmt für ihre tolle Kultur, ihre Kunst und spannende Geschichten.

Sie lebten in Gebieten, die heute Irland, Schottland, Frankreich und Teile von Deutschland und Italien sind. Die Kelten waren echte Meister im Handwerken und stellten wunderschöne Dinge aus Metall, Holz und Stein her. Ihre Kunst war voller schöner Muster und keltischer Symbole.

Die Kelten waren auch mutige Krieger. Sie kämpften in Gruppen, trugen coole Rüstungen und malten ihre Gesichter, um ihre Feinde zu erschrecken. In ihren Geschichten gab es große Helden, die für Ruhm und Ehre kämpften.

Die Kelten glaubten an viele Götter, die mit der Natur zu tun hatten. Die Druiden, ihre religiösen Anführer, wussten viel über die Natur und hielten wichtige Zeremonien ab. Sie waren die Weisen der Kelten.

Obwohl die Kelten viele Abenteuer erlebten, wurden viele ihrer Stämme von den Römern erobert. Aber ihre Traditionen leben in Irland und Schottland weiter – dort gibt es noch die keltische Sprache, Musik und Feste!

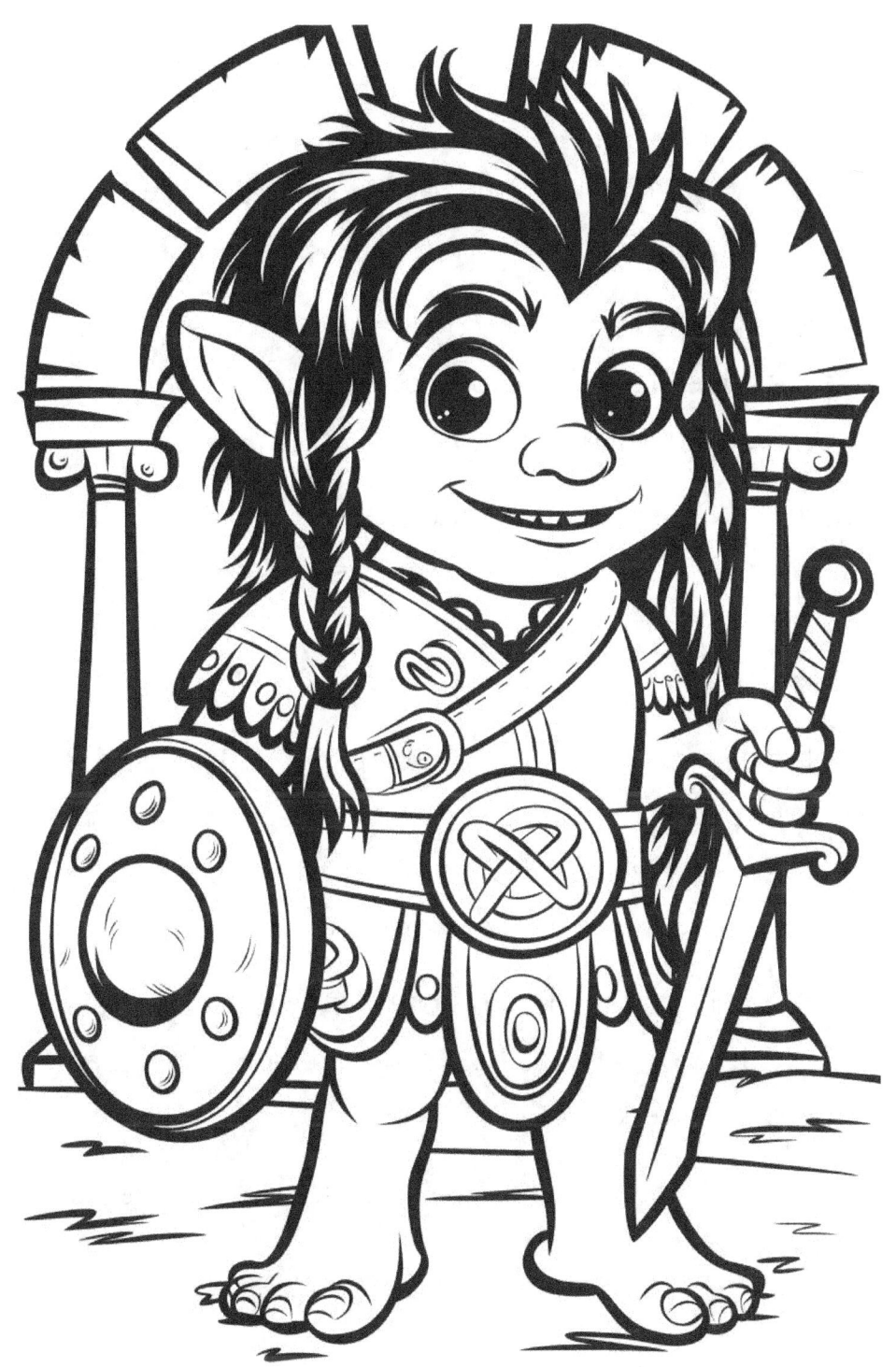

Kapitel 10: Die Hunnen

Ab geht's zu den Hunnen! Stellt euch vor, wir stehen auf riesigen Steppen, die Sonne scheint und die Pferde sausen vorbei. Die Hunnen waren super schnelle Reiter und wilde Kämpfer!

Sie kamen aus Zentralasien und lebten in großen Gruppen, den Stämmen. Ihre Pferde waren alles für sie! Damit jagten sie, holten Essen und kämpften!

Der berühmteste Hunne war Attila. Er war ein richtig furchtloser Krieger und brachte die Römer zum Zittern. Man nannte ihn die „Geißel Gottes", weil viele dachten, er sei eine Strafe für die Menschen.

Die Hunnen waren blitzschnell im Kampf. Sie schlichen sich an, griffen an und waren weg, bevor man „Oh nein!" sagen konnte! Auch wenn sie manchmal fies waren, hatten sie coole Traditionen und machten tolle Sachen aus Gold.

Als Attila starb, zerfiel das Hunnenreich. Die Stämme gingen auseinander, viele schlossen sich den Römern an oder ließen sich woanders nieder.

Stellt euch vor, wie die Hunnen auf ihren schnellen Pferden die Steppen unsicher machten!

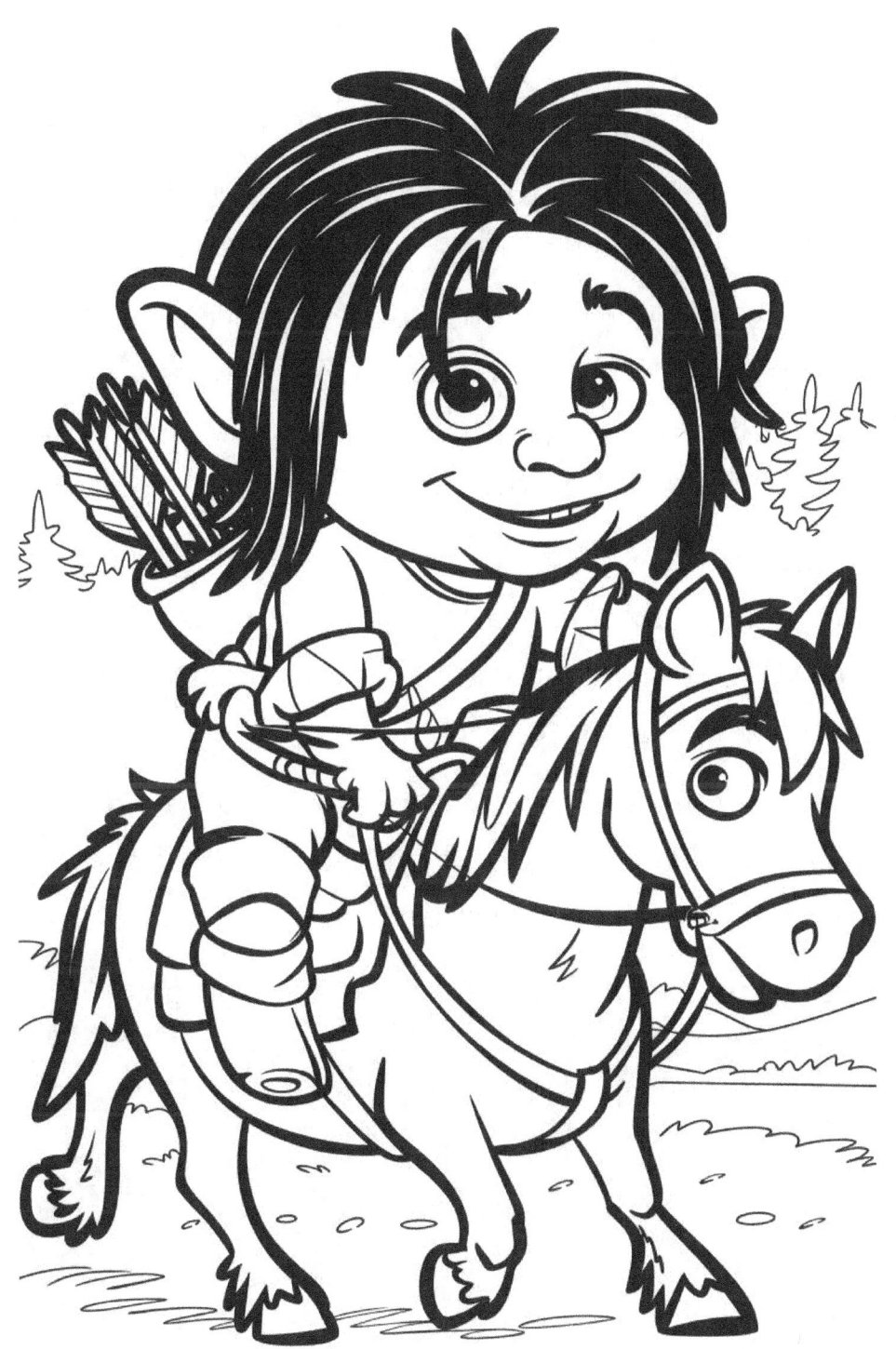

Kapitel 11: Die Maya

Jetzt machen wir uns auf den Weg zu den Maya! Die lebten vor über 2000 Jahren im Dschungel von Mexiko. Stellt euch riesige Pyramiden und bunte Tempel vor – cool, oder?

Die Maya waren echte Himmels-Checker! Sie hatten supergenaue Kalender und wussten, wann Finsternisse kommen. Sie bauten mega Städte wie Tikal und Chichen Itza und ritzten coole Bilder in die Wände.

Ihre Götter waren voll wichtig, deshalb gab's viele Feste, Tänze und manchmal sogar Menschenopfer (ziemlich krass, oder?). Außerdem waren sie Hammer-Künstler und hatten eine eigene Schrift, die wie Bilderrätsel aussah.

Die Maya waren Bauern, bauten Mais und Bohnen an und lebten mit Königen und coolen Tempeln. Auch wenn ihre Städte irgendwann leer wurden, stehen die Pyramiden heute noch.

Jetzt geht's weiter zu den Azteken, den krassen Kriegern!

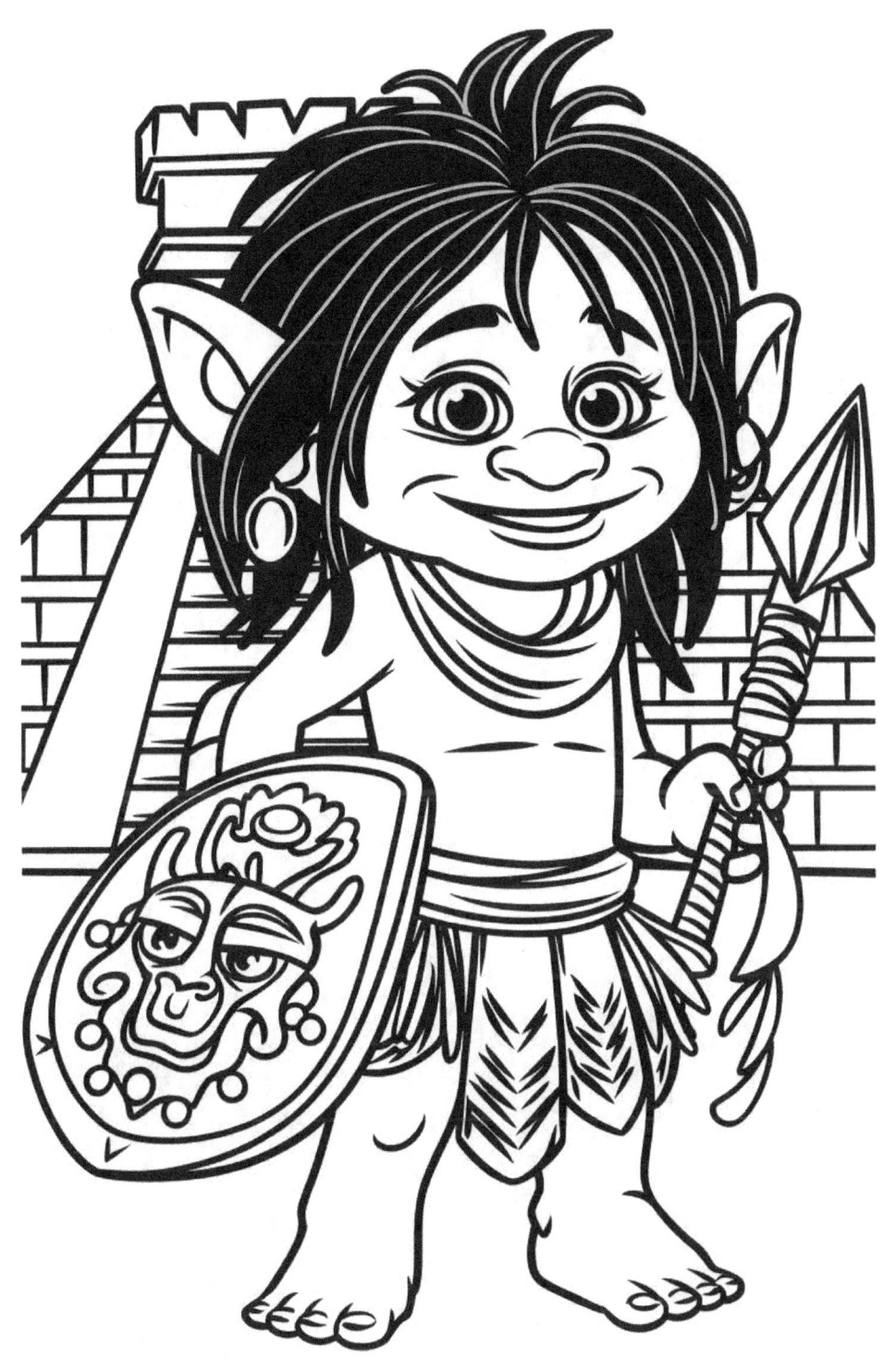

Kapitel 12: Die Inka

Es geht direkt weiter zu den Inka – richtig coole Leute, die vor 500 Jahren in den Bergen von Südamerika lebten. Die bauten riesige Städte aus Stein, wie Machu Picchu, mitten in den Anden!

Die Inka waren schlau: Sie bauten Straßen durch die Berge und pflanzten Kartoffeln und Mais auf steilen Feldern. Ihr Boss war der Sapa Inka, der König, und sie glaubten, dass die Sonne ihr größter Gott war.

Doch dann kamen die Spanier und machten Schluss mit dem Inka-Reich. Aber keine Sorge, ihre coolen Ideen leben bis heute weiter!

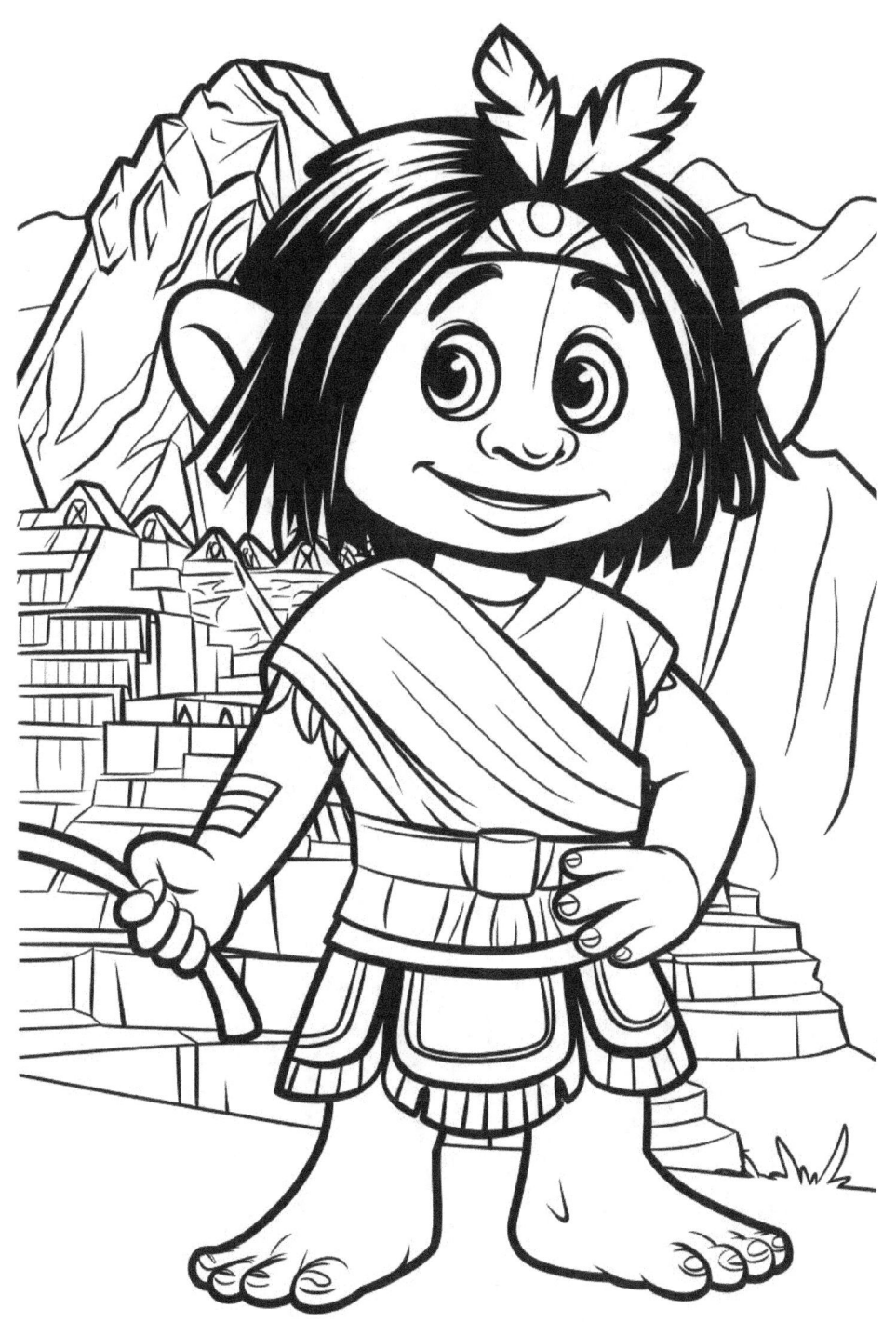

Kapitel 13: Die Wikinger

Es geht zu den wilden und mutigen Wikingern aus Skandinavien! Diese Typen haben nicht nur gekämpft, sondern auch Handel getrieben und neue Länder entdeckt.

Die Wikinger lebten in Dänemark, Norwegen und Schweden und fuhren mit ihren coolen Langschiffen über die Meere. Ihre Schiffe waren schnell, hatten Drachenköpfe vorne dran und konnten überall hinfahren, sogar Flüsse rauf!

Wusstet ihr, dass die Wikinger schon lange vor Kolumbus in Amerika waren? Ja, sie kamen bis nach Neufundland!

Außerdem waren sie super Handwerker und bauten coole Sachen aus Holz und Metall. Ihre Götter, wie Odin und Thor, spielten auch eine große Rolle in ihren Geschichten.

Am Ende wurden die Wikinger aber ruhiger, als sie Christen wurden. Doch ihre Abenteuer bleiben unvergessen!

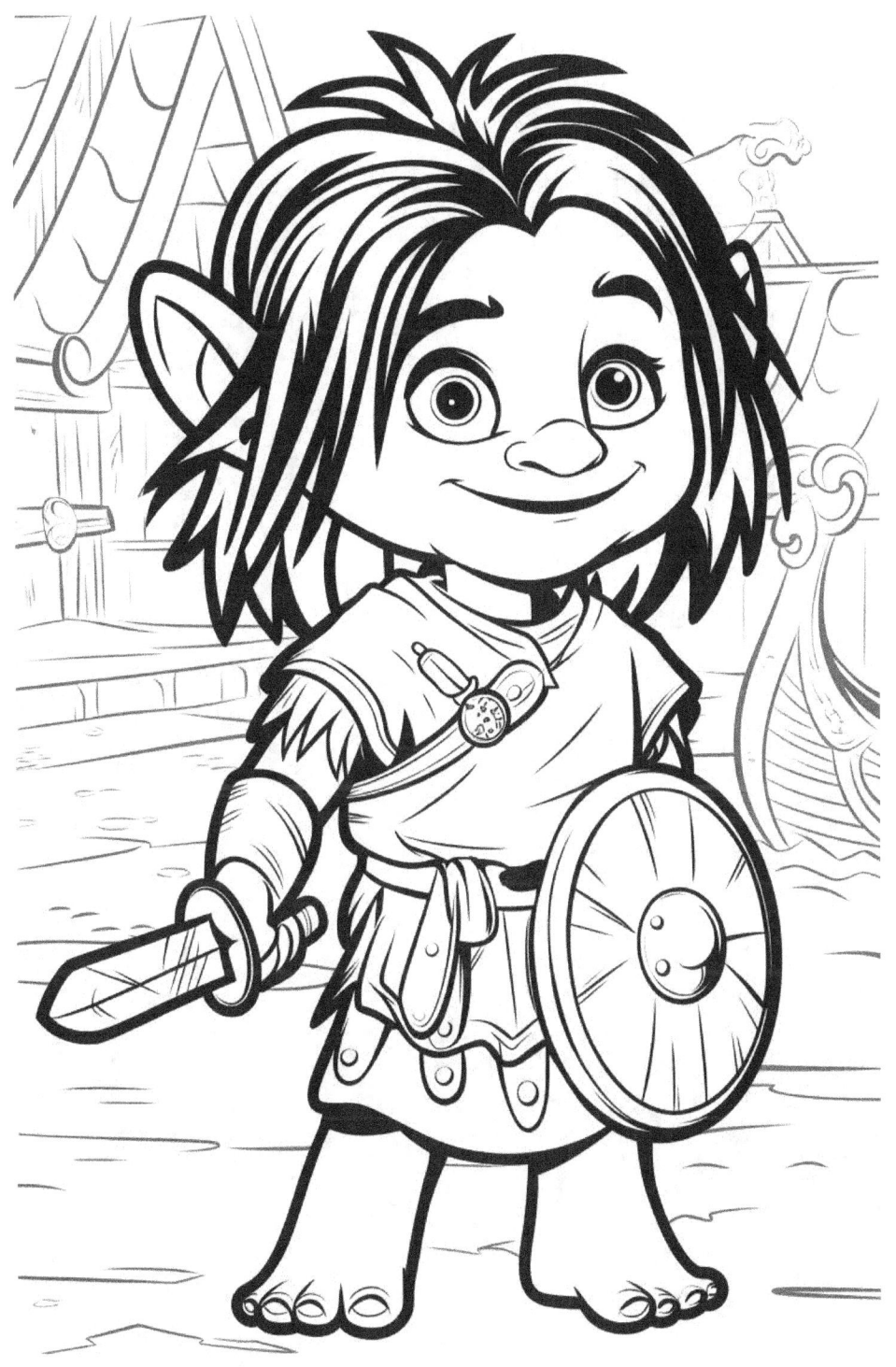

Kapitel 14: Die Normannen

Jetzt lernen wir die Normannen kennen – die krassesten Eroberer überhaupt! Stellt euch vor: fette Burgen, glänzende Rüstungen und wilde Schlachten.

Die Normannen waren früher Wikinger, die nach Frankreich zogen. Dann, 1066, schnappte sich ihr Chef Wilhelm einfach England, nachdem er den König besiegt hatte. Zack, neuer König!

Aber die Normannen konnten nicht nur kämpfen – sie bauten mega Burgen und mischten ihre Kultur mit der von England. Sie waren auch schlaue Händler und haben die Welt verändert.

Ganz schön cool, oder?

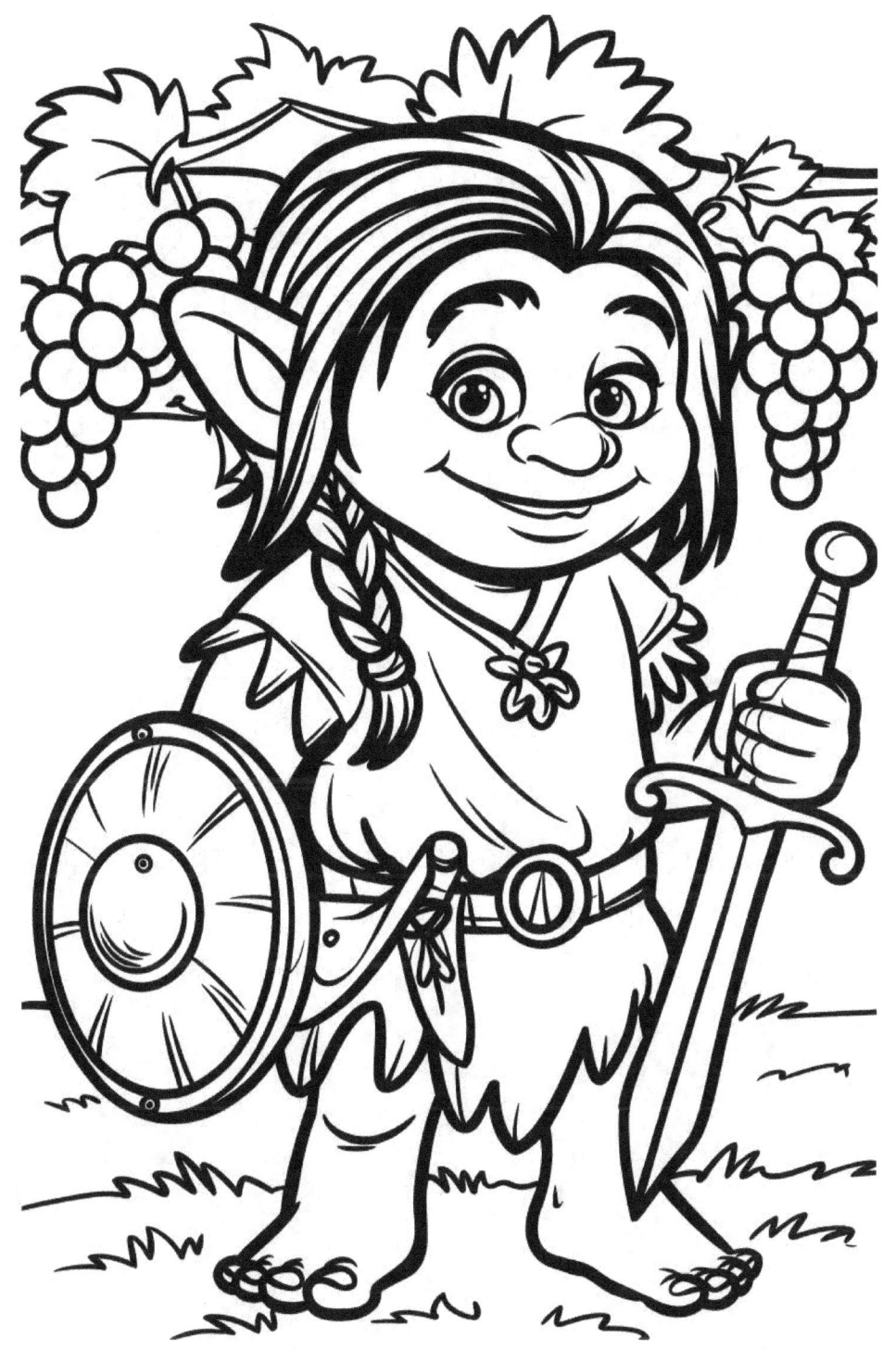

Kapitel 15: Die Mongolen

Auf zu den coolen Mongolen! Sie waren super Reiter und lebten in runden Zelten, die man schnell aufbauen konnte. Unter ihrem Chef Dschingis Khan eroberten sie riesige Gebiete – von Asien bis Europa!

Die Mongolen waren die besten Kämpfer. Mit ihren schnellen Pferden waren sie flink wie der Wind und überlisteten alle. Aber sie waren nicht nur Krieger, sie waren auch echt gute Händler. Sie eröffneten die Seidenstraße, damit jeder sicher Waren tauschen konnte.

Die Mongolen mochten viele verschiedene Religionen und ließen alle ihren Glauben leben. Das machte sie zu einem besonderen Volk!

Stell dir vor, wie die Mongolen auf ihren starken Pferden durch die Steppen galoppieren – immer auf der Suche nach neuen Abenteuern!

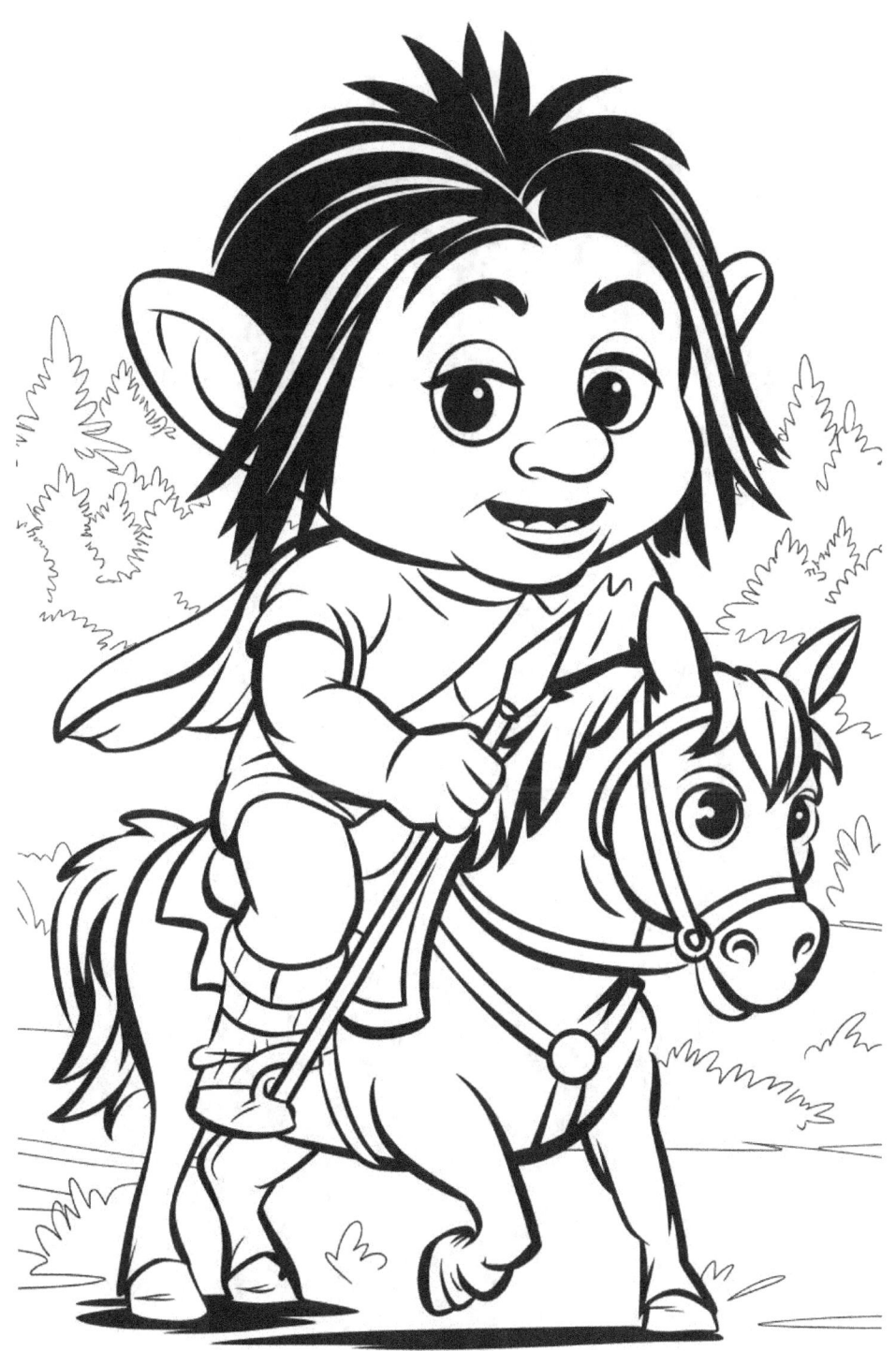

Kapitel 16: Die Chinesen

Als nächstes geht's in die coole Welt der Chinesen! Stellt euch vor, wir stehen am großen Gelben Fluss, umgeben von Reisfeldern und hohen Bergen. Hier leben die Chinesen schon seit über 5.000 Jahren!

Die Chinesen haben viele geniale Sachen erfunden, wie Papier und den Kompass. Mit Papier können wir schreiben, und der Kompass hilft uns, nicht verloren zu gehen. Mega praktisch, oder?

Sie haben auch die Chinesische Mauer gebaut, die richtig lang und stark ist. Damit haben sie sich vor bösen Jungs geschützt! Außerdem gibt's bei den Chinesen viele Feste wie das Neujahr und das Mondfest, bei denen alle feiern, tanzen und lecker essen!

Die Chinesen sind kreativ! Sie machen wunderschöne Kunst und denken über das Leben nach. Jetzt wisst ihr, wie cool die Chinesen sind! Weiter geht's zu den Indern, die auch viele tolle Sachen gemacht haben!

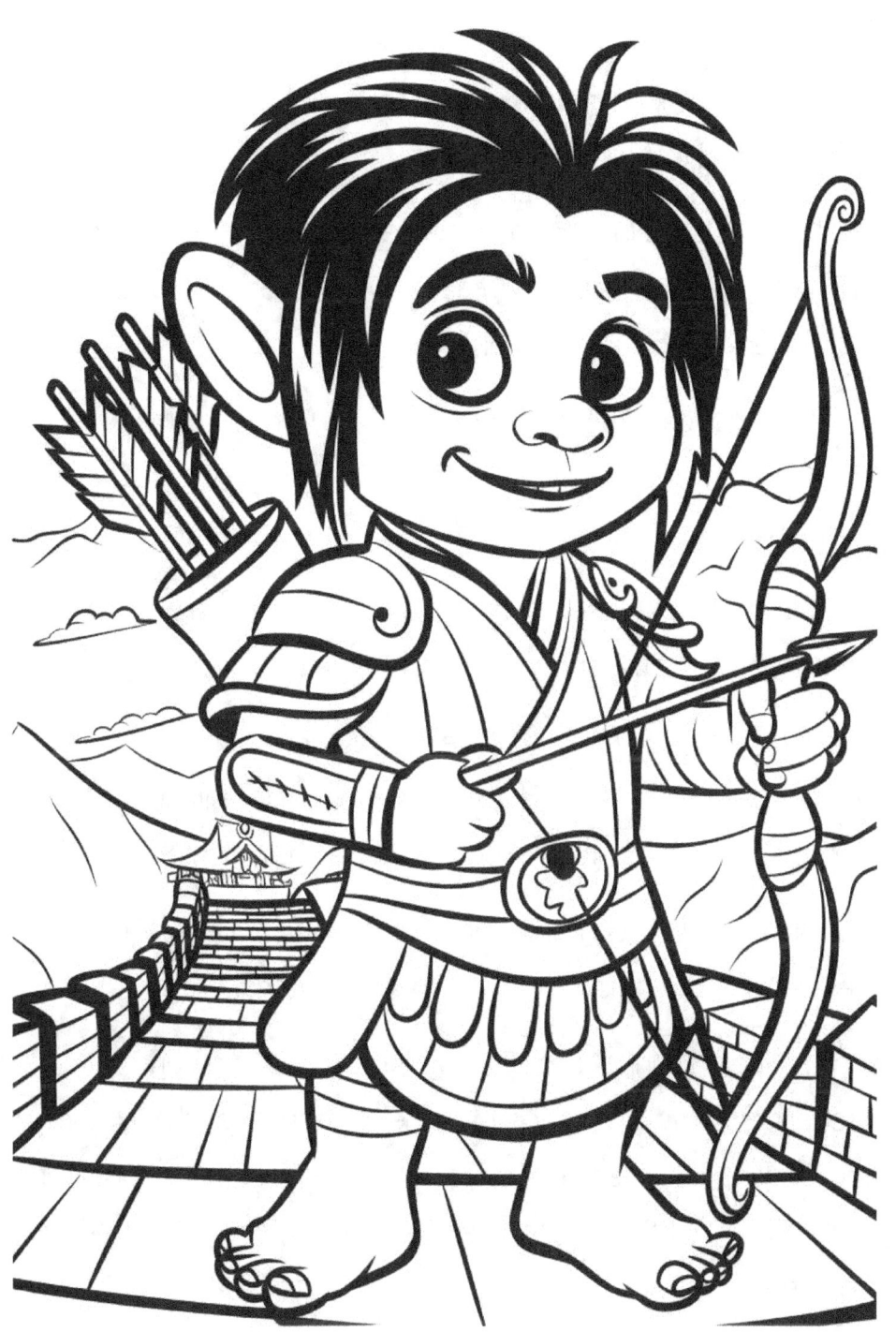

Kapitel 17: Die Inder

Es geht weiter nach Indien! Stellt euch bunte Märkte, leckere Gewürze und fröhliche Feste vor!

Die Inder haben eine mega lange Geschichte von über 5.000 Jahren! Sie hatten coole Städte mit tollen Straßen und sogar Abwassersysteme – echt schlau!

In Indien gibt es viele Religionen. Im Hinduismus glauben die Leute an viele Götter. Sie sagen, gute Taten bringen gute Sachen! Der Buddhismus hilft, die Sorgen loszuwerden.

Indiens Geschichten sind super spannend! Die Epen „Ramayana" und „Mahabharata" sind voller Abenteuer und Helden.

Und die Feste? Diwali, das Lichterfest, ist einfach bombastisch! Alle zünden Lichter an und feiern. Holi, das Farbenfest, ist das beste! Alle werfen bunte Farben umher – das macht Spaß!

Und die indische Küche? Einfach nur lecker! Die benutzen viele Gewürze, die alles richtig gut schmecken lassen.

Indien ist ein spannendes Land, wo alte Traditionen und modernes Leben zusammenkommen. Wenn ihr euch die tanzenden Menschen vorstellt, spürt ihr die Freude dieser tollen Kultur. Jetzt geht's weiter zu den Persern, die ein riesiges Reich hatten!

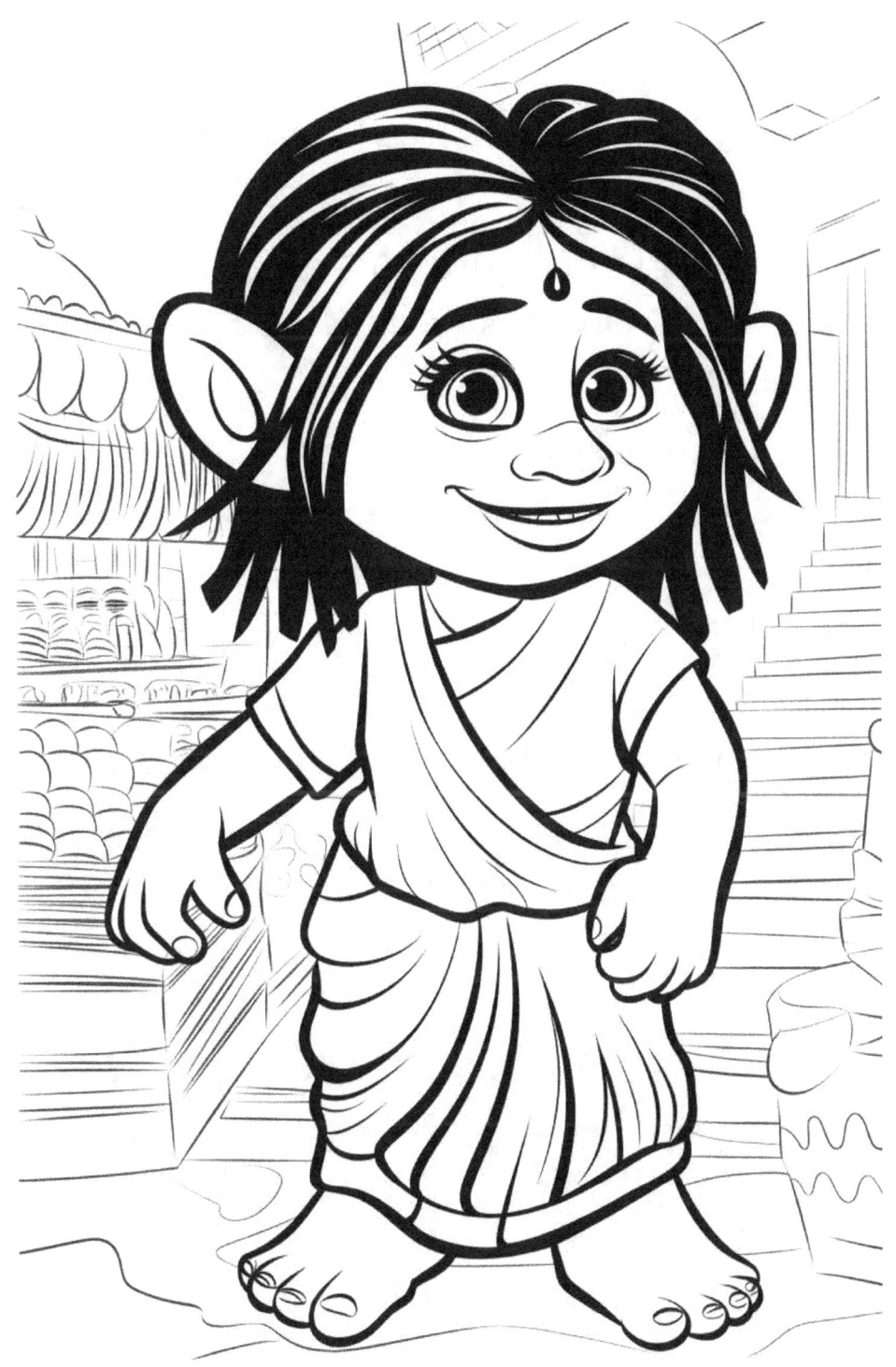

Kapitel 18: Die Perser

Wir reisen weiter in die coole Welt der Perser! Stellt euch riesige Paläste und schöne Gärten vor, wo die Perser lebten.

Der berühmteste König war Kyros der Große. Er vereinte viele Völker und sorgte dafür, dass alle friedlich zusammenlebten. Mega nett, oder?

Die Perser bauten die beeindruckende Stadt Persepolis mit riesigen Säulen und tollen Palästen. Sie hatten auch eine coole Religion namens Zoroastrismus, die von einem Gott namens Ahura Mazda sprach.

Außerdem waren sie Meister im Teppiche knüpfen und machten super schöne Gärten, die „Paradiese" hießen.

Obwohl Alexander der Große später kam und alles übernahm, bleibt ihr Erbe bis heute wichtig. Stellt euch vor, wie die Könige in ihren Gärten feiern! Ziemlich cool, oder?

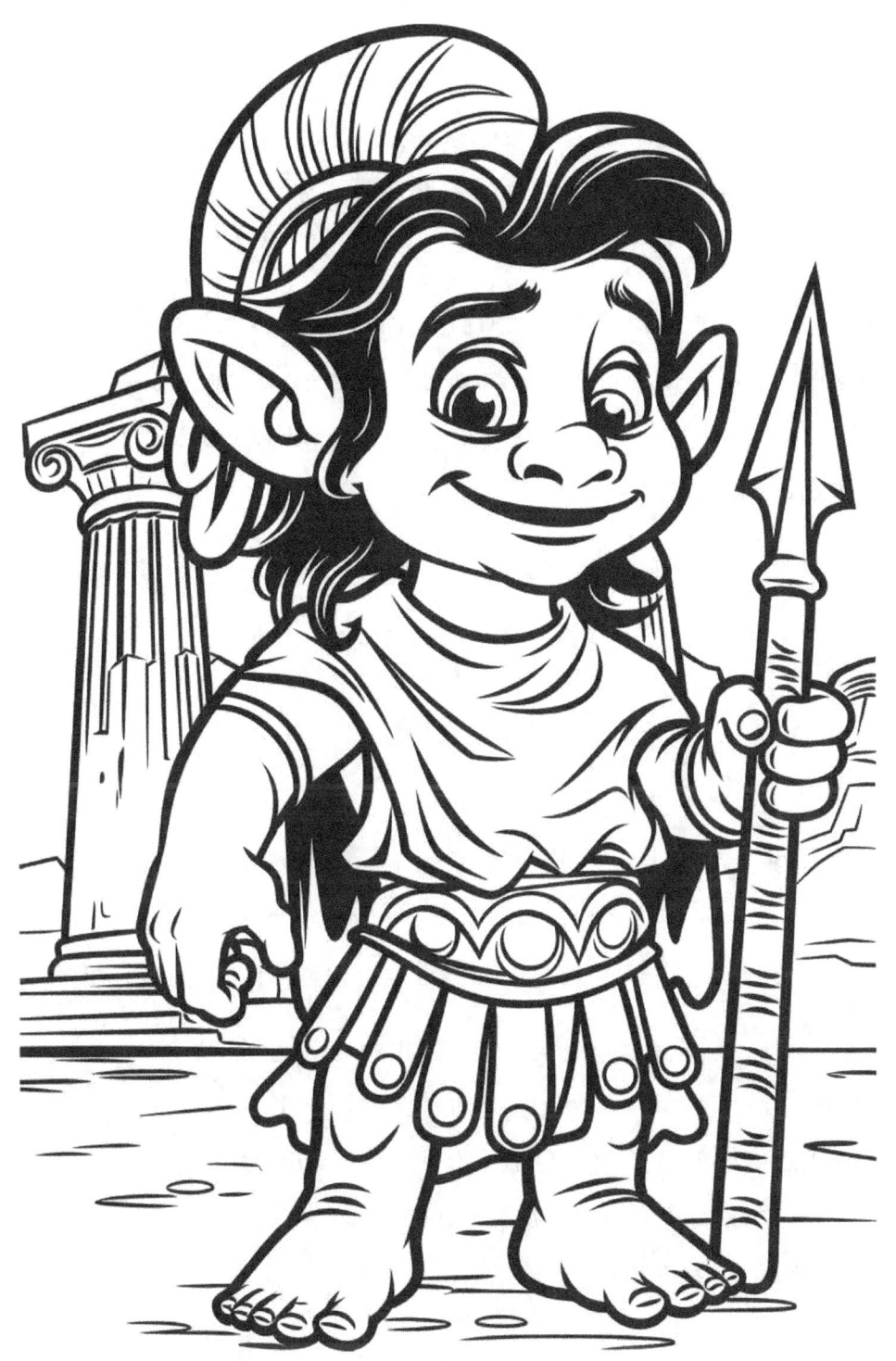

Kapitel 19: Die Hebräer

Jetzt schauen wir uns die Hebräer an, ein cooles Volk mit einer super spannenden Geschichte! Vor über 3.000 Jahren lebten sie in einem tollen Land voller Abenteuer.

Die wichtigste Figur? Abraham! Er hörte Gott, packte seine Sachen und zog mit seiner Familie in ein neues Land. Die Hebräer dachten, dass sie von Gott ausgesucht wurden, um seinen Plan zu erfüllen.

Die Hebräer gründeten das Königreich Israel. Zwei von ihren coolsten Königen waren Saul und David. David machte Jerusalem zur Hauptstadt und schrieb coole Lieder, die Psalmen. König Salomo baute den ersten Tempel, wo die Leute beten und feiern konnten.

Die hebräische Bibel, auch Tanach genannt, erzählt viele spannende Geschichten. Die Hebräer hatten auch tolle Feste, wie das Passahfest, das an den Auszug aus Ägypten erinnert.

Obwohl sie viele Schwierigkeiten hatten, hielten die Hebräer immer an ihrem Glauben fest. Heute inspirieren ihre Geschichten und Lehren viele Menschen auf der ganzen Welt. Stellt euch vor, wie sie in bunten Festen tanzen und fröhlich Geschichten erzählen – das zeigt ihren Stolz und ihre Freude!

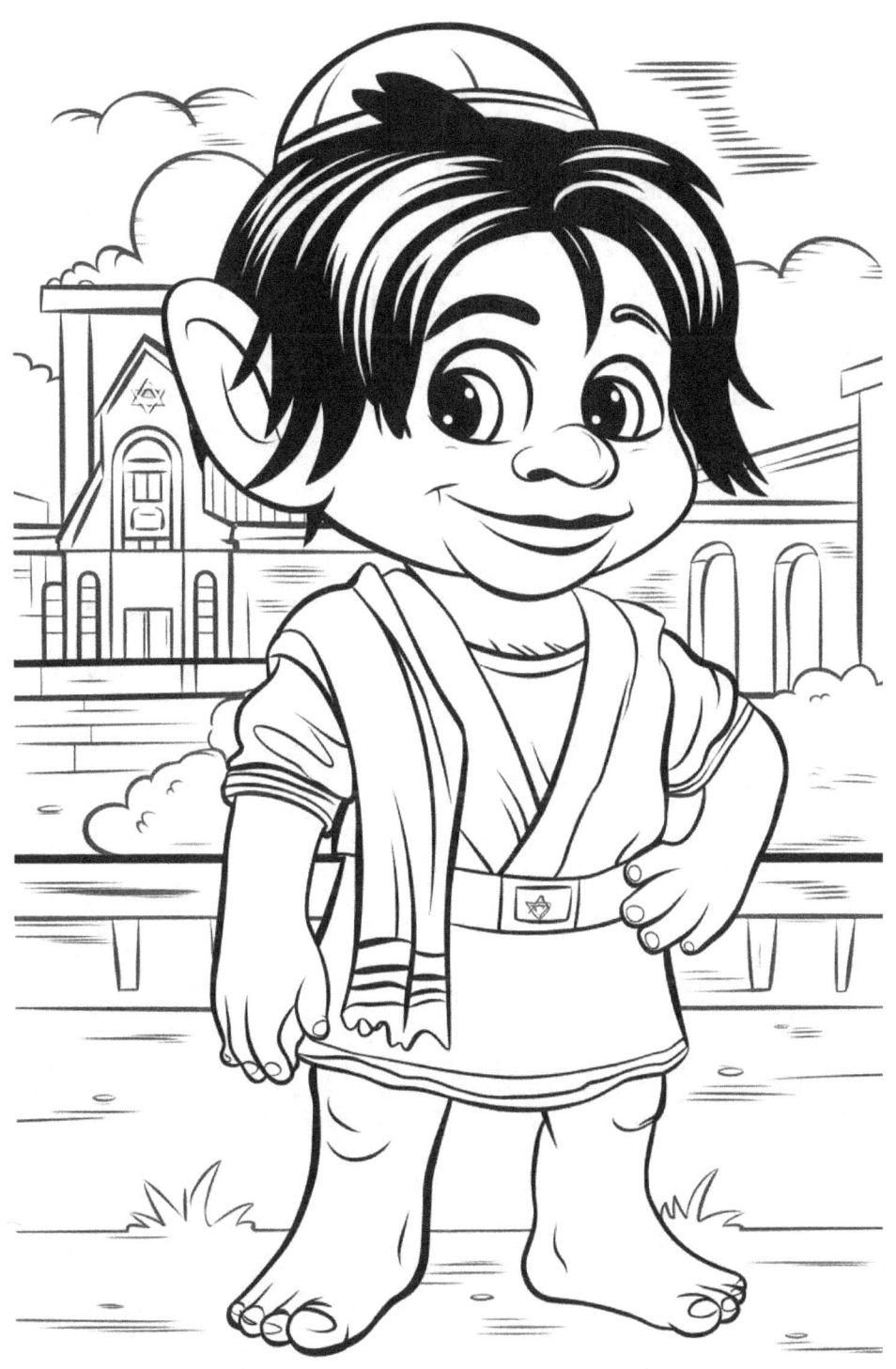

Kapitel 20: Das Mali-Reich

Ab ins Mali-Reich, ein supercooles Reich in Westafrika, das vor vielen Jahren gelebt hat. Stellt euch eine bunte Stadt voller toller Gerüche von Gewürzen und glitzerndem Gold vor. Hier wurde viel gehandelt, und die Leute erzählten sich spannende Geschichten.

Das Mali-Reich begann im 13. Jahrhundert und war mega reich, vor allem durch den Handel mit Gold und Salz. Der bekannteste König war Mansa Musa. Er war so reich, dass er auf seiner Reise nach Mekka Gold verschenkte und alle verrückt nach ihm waren!

Timbuktu war die beste Stadt zum Handeln und Lernen. Die hatten riesige Bibliotheken, in denen die klügsten Köpfe arbeiteten. Die Sankore-Moschee war ein toller Ort für Schüler.

Die Leute im Mali-Reich liebten Musik und Tanz. Die Griots unterhielten alle mit ihren Geschichten und Liedern. Sie machten auch coole Töpferwaren und bunte Stoffe.

Religion war auch wichtig. Viele Menschen waren Muslime, aber es gab auch andere Glaubensrichtungen, und alle lebten friedlich zusammen.

Auch wenn das Mali-Reich im 16. Jahrhundert schwächer wurde, bleibt sein Erbe bis heute stark. Es hat die Geschichte Afrikas geprägt und wird für seinen Handel und seine Kultur gefeiert.

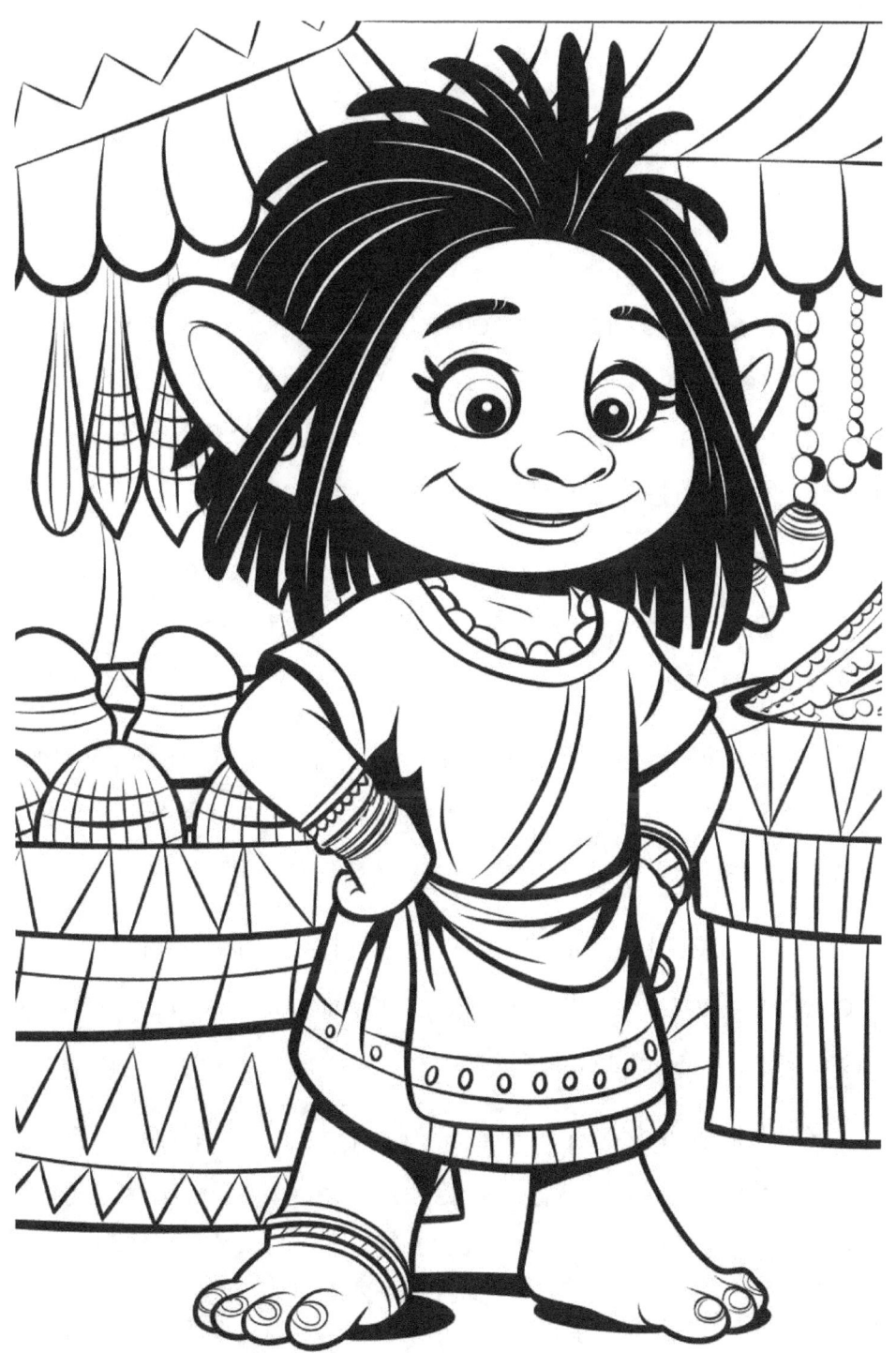

Kapitel 21: Die Māori

In Neuseeland besuchen wir den coolen Māori! Stellt euch vor, wir stehen am Strand mit Bergen und dem blauen Ozean um uns herum.

Die Māori sind die Ureinwohner Neuseelands. Sie kamen in großen Kanus, den „Waka", von weit her und brachten ihre Sprache und ihre Bräuche mit. Die Māori leben in Stämmen, die „Iwi" heißen, und jeder hat eigene Geschichten.

Ein besonderes Zeichen für die Māori sind ihre coolen Tattoos, das „Tā moko". Diese erzählen von ihrer Familie und ihrer Geschichte.

Die Māori sind auch tolle Künstler und schnitzen beeindruckende Holzarbeiten. Ihre großen Versammlungshäuser, die „Wharenui", sehen super aus!

Ein weiterer wichtiger Teil ihrer Kultur ist der „Haka", ein kraftvoller Tanz. Er zeigt ihren Mut und wird oft von der Rugby-Nationalmannschaft aufgeführt.

Die Māori lieben die Natur und glauben, dass alles heilig ist. Sie nennen das „Kaitiakitanga" – das bedeutet, sie kümmern sich um die Erde.

Obwohl sie in der Vergangenheit viel durchgemacht haben, sind die Māori stolz auf ihre Kultur.

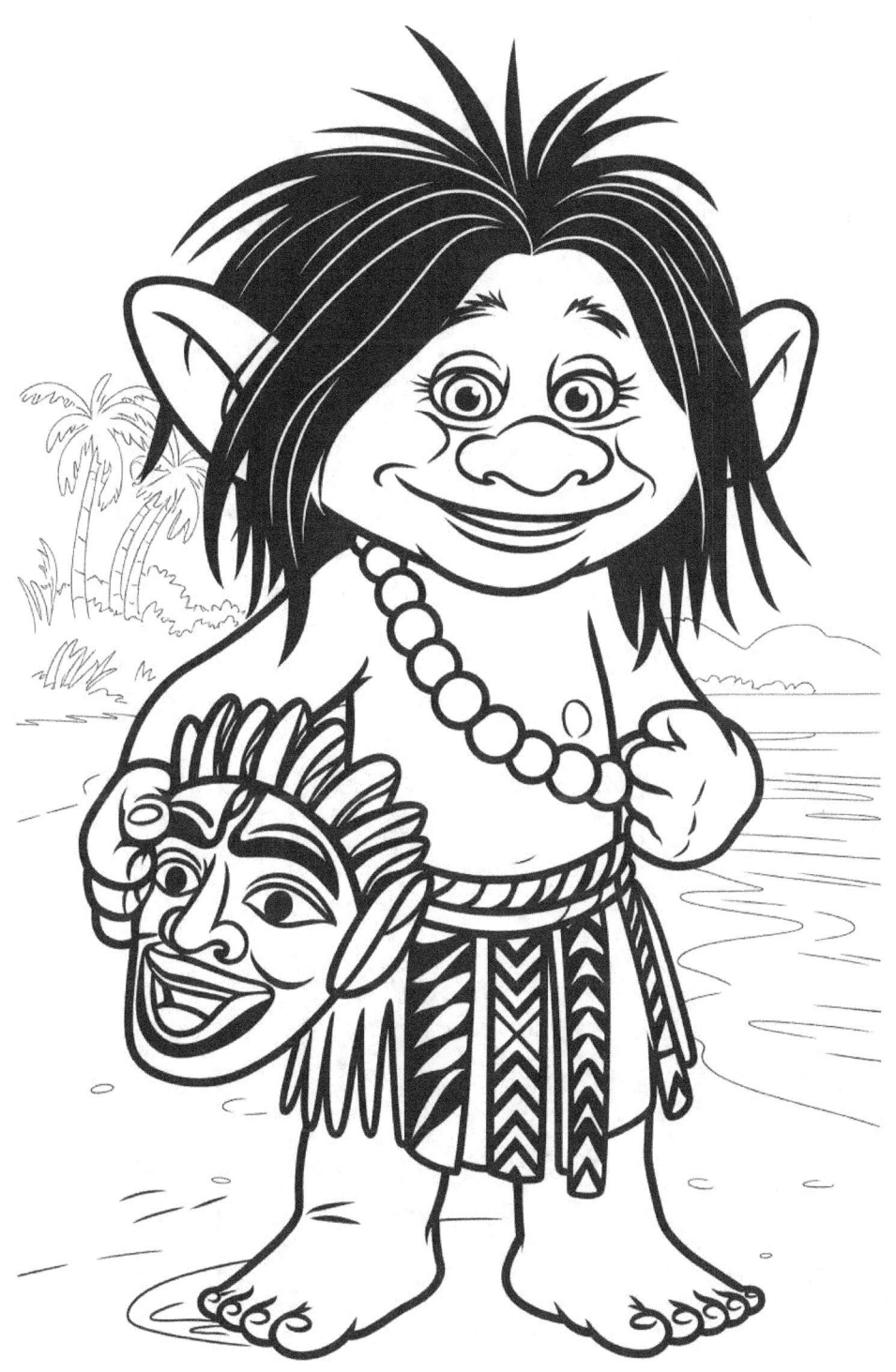

Kapitel 22: Die Aborigines

Die Reise zu den Aborigines, den coolen Ureinwohnern, beginnt!

Die Aborigines sind super alt – über 65.000 Jahre! Sie leben in verschiedenen Gegenden Australiens und jede Gruppe hat ihre eigenen Traditionen und Sprachen.

Ein wichtiges Wort für sie ist „Traumzeit". Das sind Geschichten darüber, wie alles entstanden ist – das Land, die Flüsse und die Tiere. Diese Geschichten verbinden sie mit der Natur.

Die Aborigines leben im Einklang mit der Natur. Sie wissen genau, welche Pflanzen und Tiere lecker sind oder welche Medizin sie finden können. Sie sind echte Natur-Profis!

Ihre Kunst ist echt klasse! Sie machen bunte Malereien, die von der Traumzeit erzählen, oft mit vielen kleinen Punkten. Das nennt man „Dot Painting".

Musik gehört auch dazu! Sie spielen das Didgeridoo, ein blubberndes Instrument aus einem Baumstamm, das bei ihren Feiern für Stimmung sorgt.

Aber nicht alles war einfach für die Aborigines. Als die Europäer kamen, gab es viele Probleme. Doch sie geben nicht auf und kämpfen für ihre Kultur.

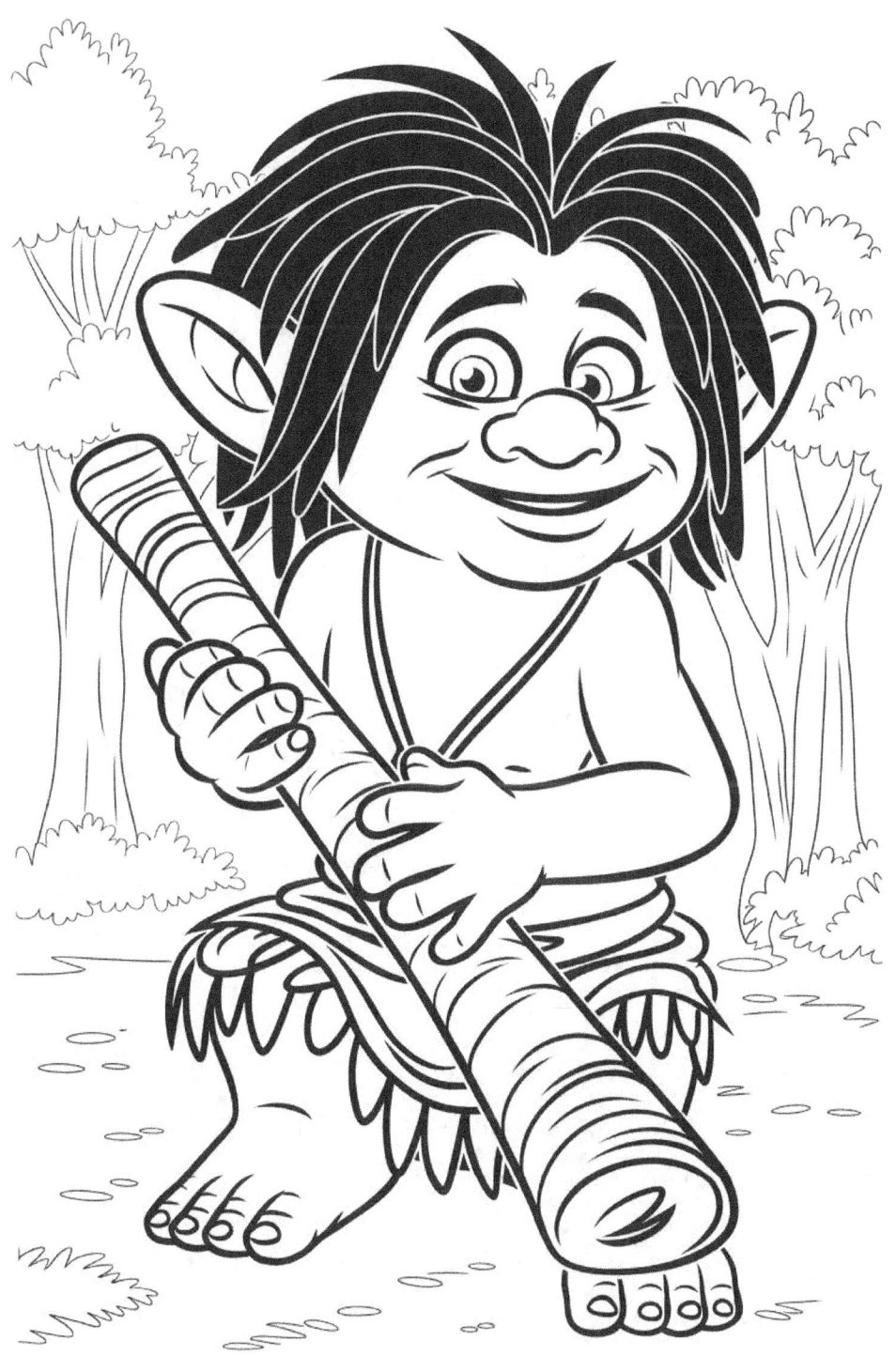

Kapitel 23: Die Zulu

Wir reisen weiter nach Südafrika zu den Zulu! Stellt euch vor, wir stehen in einer tollen Landschaft mit grünen Hügeln und dem blauen Himmel.

Die Zulu sind ein großes, mutiges Volk. Früher war Shaka Zulu ihr Anführer. Er war ein super Krieger und hat die Zulu stark gemacht!

Die Zulu leben in Dörfern, die „Kraal" heißen. Da gibt's runde Lehmhäuser und viel Spaß mit der Familie. Gemeinsam feiern sie Feste und helfen einander.

Die Zulu sind auch coole Krieger. Sie tragen bunte Klamotten und benutzen spezielle Speere, die „Iklwa" heißen. Beim großen „Erntefest" zeigen sie, wie stolz sie auf ihre Krieger sind!

Außerdem sind die Zulu tolle Künstler! Sie schnitzen und tanzen den „Indlamu", einen mega coolen Kriegstanz. Dabei haben sie jede Menge Spaß!

Die Zulu glauben an Geister und feiern ihre Ahnen mit tollen Tänzen und Liedern. Im 19. Jahrhundert kämpften sie gegen britische Soldaten und gewannen sogar!

Stellt euch vor, wie die Zulu um ein Feuer tanzen und Geschichten erzählen. Sie sind super stolz und richtig lebendig!

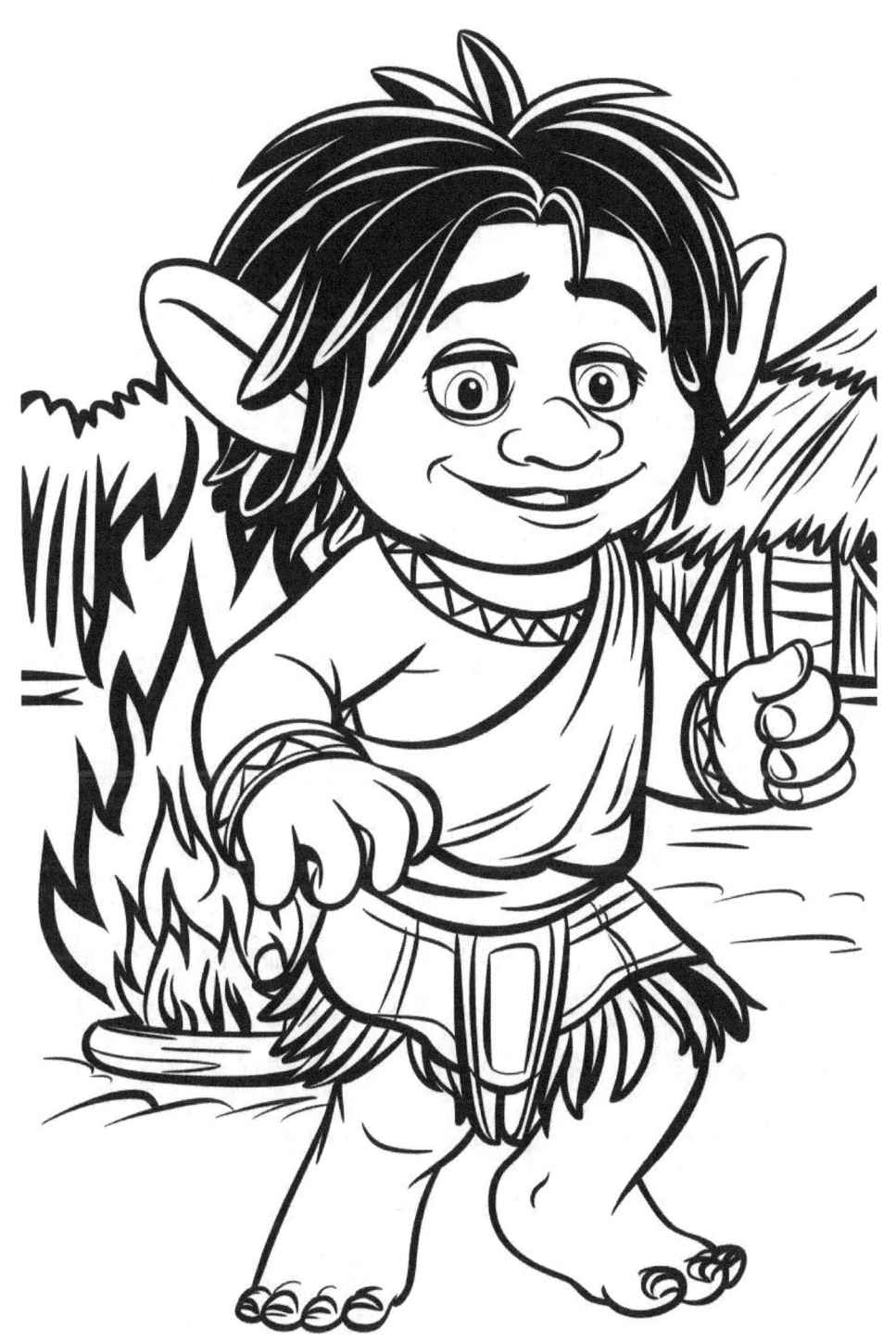

Kapitel 24: Die Sioux

Unsere Reise führt uns weiter zu den Sioux in Nordamerika! Stellt euch vor, wir stehen in einer riesigen Prärie mit hohen Gräsern, während wir die coolen Geschichten der Sioux hören.

Die Sioux sind ein stolzes Volk, das aus den Dakota, Lakota und Nakota besteht. Früher lebten sie in großen Tipis, die sie mitnahmen, während sie den Bisons hinterherzogen. Die Bisons sind super wichtig für die Sioux – sie geben ihnen Essen, Kleidung und alles, was sie brauchen.

Die Sioux sind auch echt gute Jäger und wissen genau, wann sie die Bison jagen und Pflanzen sammeln müssen. Und sie glauben an den „Großen Geist", eine mächtige Kraft, die über alles wacht. Ihre Zeremonien sind ein großer Teil ihres Lebens – wie die „Sonnenfeier", bei der sie tanzen und singen!

Außerdem waren die Sioux echte Krieger! Sie kämpften tapfer für ihre Gemeinschaft und ihre Heimat. Geschichten erzählen ist für die Sioux mega wichtig. Die älteren Leute erzählen spannende Geschichten, die von Generation zu Generation weitergegeben werden.

Im 19. Jahrhundert hatten die Sioux es echt schwer, als die Europäer kamen und ihr Land wollten. Aber heute sind sie stolz auf ihre Kultur und geben alles, um ihre Traditionen und Sprache am Leben zu halten.

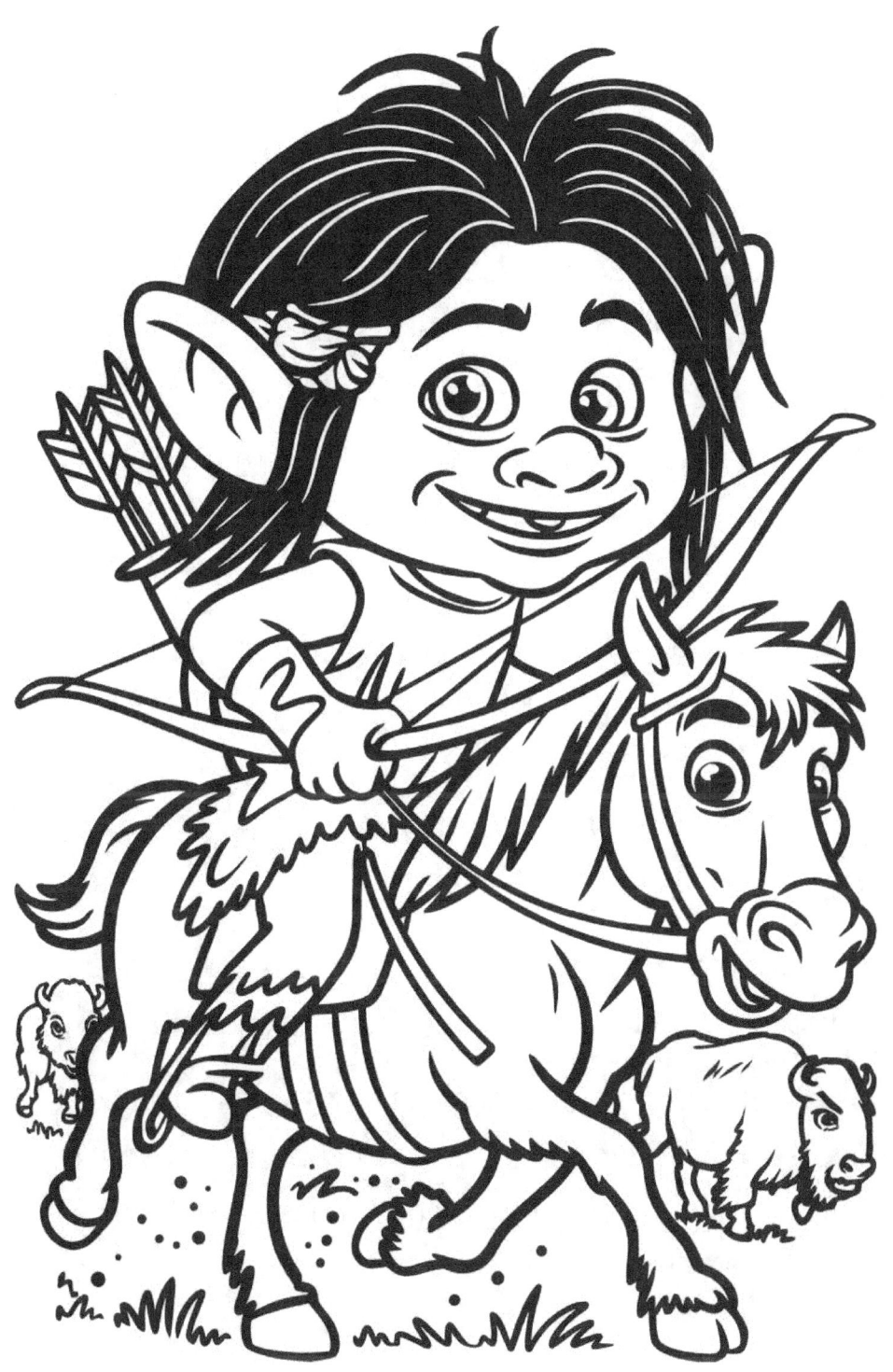

Kapitel 25: Die Berber

Jetzt geht's nach Nordafrika zu den coolen Berbern! Stellt euch vor, wir sind in den Bergen und in der Wüste!

Die Berber leben da schon seit Ewigkeiten. Sie sprechen viele lustige Sprachen und schreiben mit einer alten Schrift namens „Tifinagh". Das ist echt beeindruckend!

Die Berber wohnen in kleinen Dörfern aus Lehm, die „Ksar" heißen. Dort leben sie mit ihren Familien und erzählen coole Geschichten.

Die Berber sind auch super im Kunstmachen! Ihre bunten Teppiche sind wie große Bilder und ihre Schmuckstücke aus Silber sind echt schick.

Bei Feiern singen sie coole Lieder und tanzen mit Trommeln. Das macht richtig Spaß!

Manchmal ziehen die Berber mit ihren Tieren umher, um Futter zu finden. Die kennen die Natur wie ihre Westentasche!

Heute setzen sich die Berber dafür ein, dass ihre Kultur und Sprache nicht verloren gehen. Wenn ihr euch vorstellt, wie die Berber am Feuer sitzen und lachen, spürt ihr, wie stolz und fröhlich sie sind!

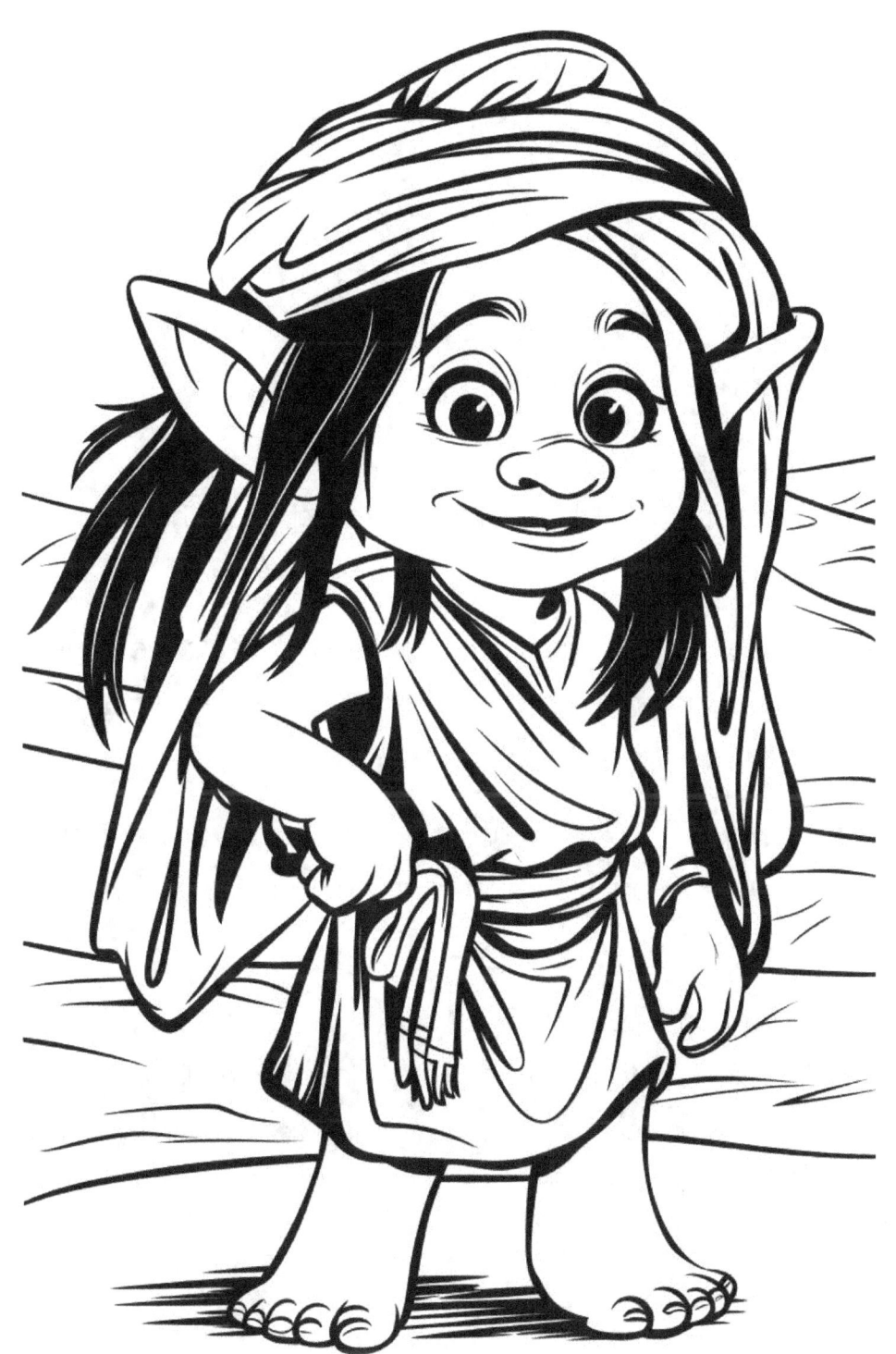

Kapitel 26: Die Japaner

Als letztes geht's nach Japan! Stellt euch vor, überall blühen die Kirschbäume, und die Leute feiern die Natur. Wie cool ist das?

Japan hat vier große Inseln, und die Japaner lieben ihre Traditionen. Ein großes Fest ist „Hanami", wo sie mit Freunden picknicken und die schönen Blumen bestaunen.

Familie ist für die Japaner mega wichtig! Zu Festen, wie dem Neujahrsfest „Shogatsu", kommen alle zusammen und haben eine Menge Spaß.

Die Japaner sind auch echte Künstler! Sie machen coole Gärten und lernen Kampfsportarten wie Judo und Karate, um stark und fit zu bleiben.

Und das Essen? Lecker! Sushi, Ramen und Tempura sind nicht nur zum Anbeißen, sondern sehen auch super aus. Essen ist ein großes Fest für die Japaner!

Obwohl Japan super modern ist, halten die Leute an ihren alten Traditionen fest. Stellt euch vor, wie sie in einem ruhigen Garten sitzen, Tee schlürfen und die schöne Natur genießen. Japan ist echt ein spannendes Land!

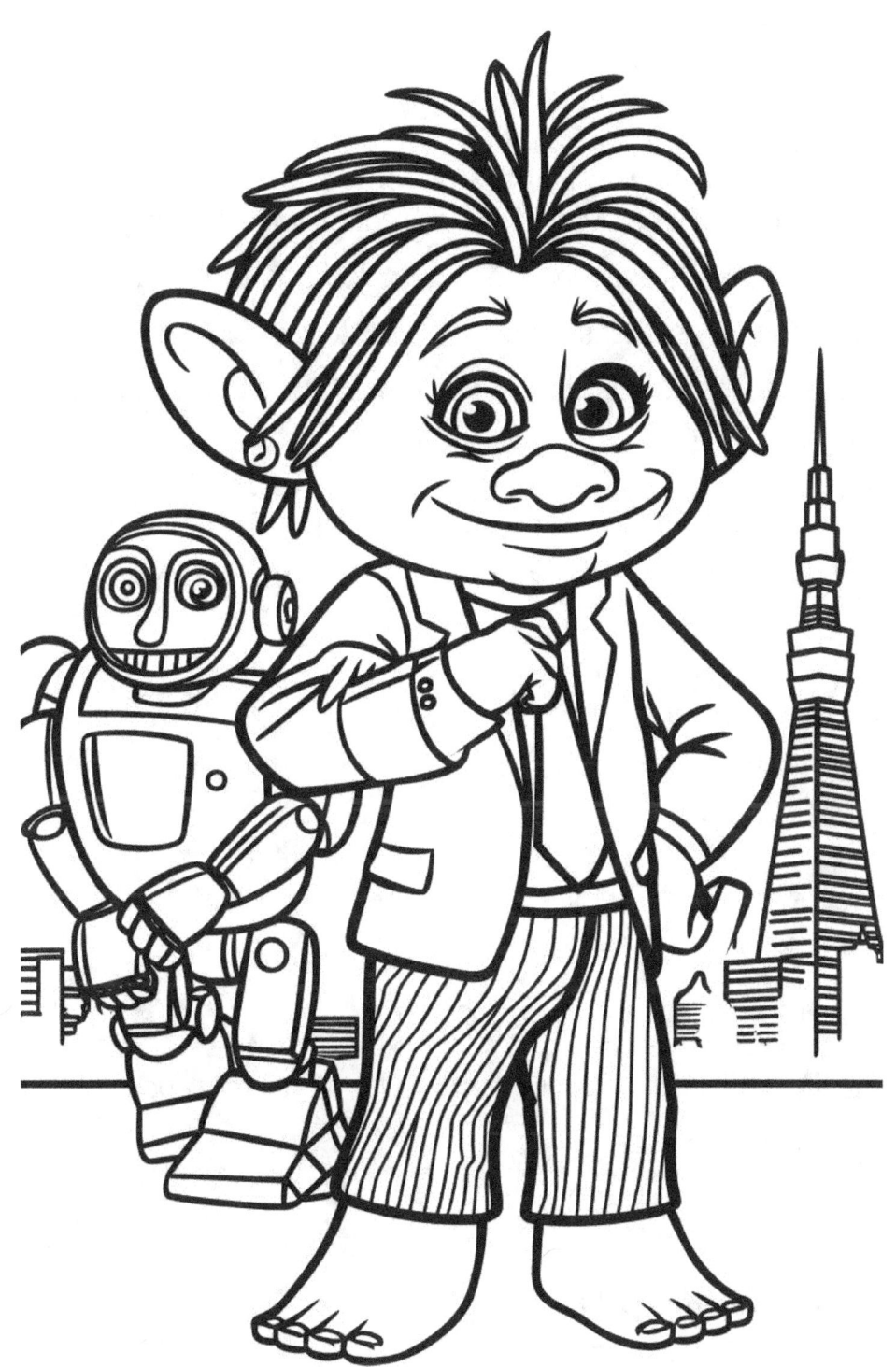

Schlusswort

Hey, Freunde!

Unsere coole Reise durch die Geschichten der Völker ist jetzt vorbei! Wir haben spannende Kulturen entdeckt – von den mutigen Steinzeitmenschen bis zu den stolzen Japanern. Jeder hat seine eigenen Geschichten, die unsere Welt bunt und lustig machen!

Ihr habt viel gelernt, oder? Respekt und Freundschaft sind wichtig! Es ist super, die Unterschiede und Gemeinsamkeiten zu feiern!

Denkt daran: Wir gehören alle zusammen! Erzählt die Geschichten der Menschen um euch herum und malt sie bunt aus!

Lasst euch nicht aufhalten, weiter zu lernen und die Welt zu entdecken. Das Abenteuer geht weiter, und ihr seid die Geschichtenerzähler von morgen!

Danke, dass ihr mit uns auf dieser Reise wart! Freut euch auf viele neue Abenteuer!

Euer

Julius der Troll

www.ingramcontent.com/pod-product-compliance
Lightning Source LLC
Chambersburg PA
CBHW030053230526
45471CB00003B/1070